臨床心理士の仕事の方法

その職業的専門性と独自性

渡辺雄三［著］

金剛出版

はじめに

「臨床心理士の仕事の方法——その職業的専門性と独自性」というテーマで、一冊の本を書き下ろしてみることにする。

私は、一九六五年の八月に（まったくの偶然の成り行きで）心理臨床家（臨床心理士）という職に就いた。それからほぼ五十年、精神科病院での常勤職を出発点として、精神科心理臨床、開業心理臨床などの臨床現場で臨床心理士として働いてきた（「臨床心理士」の資格認定制度は一九八八年に始まり、私が「臨床心理士」資格を得たのは一九九一年からだが、以下「臨床心理士」で統一する）。

この間の、臨床心理士界の興隆と世間への知名度の広がりは、大きなものがある。ことに、地方の小さなとても治療的とは言えない私立精神科病院で臨床心理士としての道を歩き始め、当初は、クレペリン検査のテスターであり、脳波検査のテスター助手であり、極めて重度の精神障碍の子どもたちの世話係であり、入院病棟で大暴れする患者が出たときにはすぐに駆けつける保安要員でもある、臨床心理士とは名ばかりだった私などからしたら、まったく隔世の感がある。

全国に百五十校を越える臨床心理士養成大学院が作られ、文部科学省の公の事業であるスクールカウンセラーには臨床心理士が主に任じられ、国立や公立の心理臨床職についても臨床心理士を受験資格とする所も年々増えてきている。そして、精神科病院・精神科クリニックを始めとして内科・心療内科・小児科・産婦人科・緩和ケア・デイケアなどで働く医療臨床、小学校・中学校・高校などのスクールカウンセラーとして働く学校教育臨床、さまざまな福祉援助の相談機関や公共機関・会社・企業・大学などで働く相談臨床などなど、臨床心理士が勤務する心理臨床の現場は、多方面にわたっている。私が関連する開業臨床においても、それによって確たる専門職業人として自立した社会生活を営んでいる臨床心理士も、増えてきている。

臨床心理士が年々増加し、臨床心理士が対象とするクライエントや患者は、産まれたばかりの赤子、乳幼児から、死を迎えようとしている高齢者まで、あらゆる年齢層に及んでいる。クライエントが手助けを求める目的や目標も、重篤な精神障碍や認知症の方への心理臨床的援助から、いかに人生を生きるかといったことや、ユング（Jung, C.G.）の言う「自己実現」の課題まで、多岐にわたっている。現代という「こころ・からだ」にとって難しい時代を背景として、さまざまな場において臨床心理士が求められるようになってきている。また、それに従い、臨床心理士が用いる方法論や臨床心理的援助技法、治療技法についても、大きくは精神分析療法的立場と認知行動療法的立場とに分かれるように、多様化し、現代の心理学の知見に基づく新しい方法論や援助技法が次々に生まれている。

このような時代の移り変わりの中で、改めて、「臨床心理士の仕事の方法」について問い、考えてみたい。

このことを改めて考え、一冊の本に纏めてみようと思い立ったのには、二つの大きな契機がある。一つには、「個人心理療法モデルに固執することは尊皇攘夷のごとく時代錯誤の行動になりかねない」といった主張を、日本を代表する一人と思われる臨床心理学者が発言していることが、きっかけになっている（下山晴彦「特集にあたって」『臨床心理学』第十一巻第一号）。この発言に対してはすでに反論を述べたが（渡辺雄三「臨床心理士の個人開業」渡辺雄三・亀井敏彦・小泉規実男編『開業臨床心理士の仕事場』金剛出版）、臨床心理士の職業的専門性と独自性について、もう一度きちんと考えを纏めておかなくてはならないと、考えた。

二つには、上記の発言と無関係ではなく基底では連動していると思われるが、（臨床）心理職の国家資格化問題に対する危惧も、その契機になっている。私自身は、精神科臨床を中心にして、本当に安い給料や不当な待遇にもかかわらず、誠実にクライエントの方々への心理臨床的手助け（援助）に日夜努力している若い臨床心理士の苦労に、日頃から頭の下がる思いをしているだけに、何とか彼らの苦労に報いる正当な国家資格があったらと、強く願ってはいる。だが、今進行している「案」では、そもそも名称が「臨床」の付かない「心理師」になっていることから明白なように、臨床心理士の職業的専門性と独自性についての明確な理念が欠けており、このまま（臨床）心理職の国家資格化が実現しても、現場の臨床心理士の苦労に報いるどころか、かえって、彼らの希望とクライエントの方々の期待とを裏切るものになるのではないかと、強い危惧を抱いてしまう。

加えて、近年、病院臨床を中心にして認知行動療法が盛んになっている。しかし、療法としての選択やその善し悪し以前の問題として、もちろん精神分析療法を始めとしてその他の心理療法に対してもまったく同様の批判が言い得るのだが、臨床心理士としての専門性を疎かにした、すなわちクライエントへの臨床心理学的な配慮をなおざりにした教条的、機械的な実施も目につく。それに対する懸念もまた動機になっている。

表面的な興隆の一方で、臨床心理士の職業的専門性は、いまだ確たるものとして定まっていないようである。その混迷状態が、これらの問題に現われ出ており、今回「臨床心理士の仕事の方法」という本を是非書いてみようという気持ちにさせた、契機になっている。

それにしても、このような臨床心理士界の状況や、臨床心理士の仕事の多様化の中で、果たして、臨床心理士の仕事全体に通底する、職業的専門性と独自性を枠付ける「臨床心理士の仕事の方法」といったものが、あるのだろうか。それは、まったく無謀な試みなのではないのか。臨床心理士の誰に対しても、その仕事のどれについても、そしてどの心理臨床現場でも言えるような「臨床心理士の仕事の方法」など、たとえそれを示し得たとしても、まるで曖昧な空虚なものになってしまうのではないのか。反対に、自身の立場だけで主張すれば、臨床心理士の普遍性からは遠のいてしまう。大きな風車に挑んでいったドン・キホーテのごとく滑稽な作業になってしまうのではないかと、ふと自嘲的にもなるが、二十四歳のときからほとんど五十年、個人心理療法を中心にしてクライエント・患者の方々と向かいあい、何とか今も向きあい続けている（未だドン・ヤホーテ的少年性の抜けきらない）臨床心理士の言葉として、聞いていただければありがたい。なお、二〇一一年の東日本大震災の直後に『私説・臨床心理学の方法――いかにクライエントを理解し、手助けするか』（金剛出版）と名付けた著書を、私の臨床心理士としての仕事と臨床心理学徒としての研鑽の集大成として、刊行した。今回は、とくに臨床心理士の職業的専門性と独自性について、すなわち「臨床心理士の仕事の方法」にテーマを絞って、よりコンパクトに纏めようとはしたが、書名も似通ったものになってしまったように、基本的には前著の内容を踏襲している。ことに前著で「臨床心理学という学問の方法」を巡って「臨床心理学の原則」として挙げたことと、一部修正を加え、その内容をより多角的に、またより深化させて考察しようと努めはしたが、重なった内容になっている。このことをあらかじめお断りしておく。また、前著に倣って、「こころ・からだ」とか「手助け」という、私なりの表現を用いている。

前置きはこれぐらいにして、本論に入ることにする。

目次

臨床心理士の仕事の方法

――その職業的専門性と独自性――

総論　臨床心理士の仕事の方法

第一章　臨床心理士の職業的専門性と独自性

臨床心理士の仕事の基本は、次のように言ってよいであろう。

何らかの「こころ・からだ」の問題について、悩み苦しみ、臨床心理士の手助けを求めている人たちに対して（本人自身のこともあるし、本人が深く関係する者（例えば子どもやパートナー）のこともあろうが）、その「こころ・からだ」の問題を（手助けを求める者と問題を持つ者とが異なる場合は双方を含んで）いかに臨床心理学的に理解し、そして、その理解に基づいて、いかに臨床心理学的な手助け（援助）を実践するか、ということにある（本書では、「こころ・からだ」の「からだ」は、医学的生物学的解剖学的「肉体」というよりも、医学的に問題ないのに心理的に多彩な反応を示す、それ故臨床心理士にも手助けの余地がある「身体（身体性）」の意味で主に用いている）。

臨床心理士に対して「こころ・からだ」の問題についての手助けを求め、実際に臨床心理士が直接に（間接的になることも例外的にはあろう）出会うことになった方たちを、臨床心理学は、「クライエント」と呼ぶ。こうしたクライエントと呼ばれる方たちの「こころ・からだ」についての「臨床心理学的な理解」と「臨床心理学的な手助け」、この二つを臨床心理士の仕事の大きな柱とすることについては、例外的な臨床心理士の仕事がまったくないわけではないだろうが、多くの心理臨床の現場を考えても、まずは異論なかろう。問題になるのは、「臨床心理学的な理解」と「臨床心理学的な手助け」の、その「臨床心理学的」なるものの内容とその「方法」についてである。

ただし、本書がテーマとするのは、具体的技術的な療法・技法・手法などについてではない。それに関しては、精神分析療法的理論・立場と認知行動療法的理論・立場に代表されるように、それぞれの臨床心理士が依拠する臨床心理学的な理論や立場によってさまざまな主張がなされよう。しかし、本書で問題にしようとしているのは、そうしたさまざまな臨床心理学的な理論・療法・技法・対象・現場という個々の臨床心理士における多様性を超えた、臨床心理士全体に通底する普遍的な、専門的職業的方法や独自の手続きについてである。あるいは、心理臨床実践において、どのような心理検査、どのような心理療法を実施するにしても、臨床心理士である限りは決してなおざりにしてはならない原理・原則、精神科医や教師などの他の専門職とは異なる臨床心理士ならではの独自な仕事の方法や手続き、クライエントへのアプローチの仕方などといったものは、あるのか、あるとしたらそれはどのような「方法」になるのか、という根本的な問いである。

人間の「こころ・からだ」の問題を理解し、手助けする「方法」は、さまざまであり、臨床心理学とは限らないし、職業としてそれを実践する者も臨床心理士とは限らない。宗教者には宗教者としての方法があり、その専門性、独自性がある。医師・精神科医には医師・精神科医としての、教育者や教師には教育者や教師としての、そして看護師やその他の医療専門家には医療専門家としての、方法とその専門性、独自性があろう。

では、医師（精神科医）や教師や看護師や、宗教者とも異なる（もちろん微妙に重なり合う点や境界領域はあるにしても）、私たち臨床心理士の「方法」と、その「職業的専門性と独自性」は、一体どこにあるのか。どこにそれを見出したらよいのか。

現実の問題として、教師が知能検査や性格検査をしたり、看護師が認知行動療法を実施したり、精神科医が精神分析療法を行なったりしている。あるいは今や多くの専門家が「カウンセリング」や「セラピー」という言葉を口にし、自称「カウンセラー」「セラピスト」は巷に溢れている。こうした教師や看護師や精神科医、そして「カウンセラー」「セラピスト」と、私たち臨床心理士とは何が違うのか。彼らと比較して、何処にその専門性、独自性があるのか。

たとえ精神分析療法的立場に依拠するにしても、認知行動療法的立場に依拠するにしても、あるいはその他の臨床心理学的な理論・立場に依拠するにしても、そしてどのような心理療法、心理検査を実施するにしても、それ以前に、臨床心理士としての職業的専門性と独自性を、すなわち「臨床心理士の仕事の方法」を明確にしておかなくてはならない。臨床心理士全体に通底する普遍的な職業的方法とは何か、という問いに答えておかなくてはならない。

こうした問いに応じることができなければ、これだけ社会的に広がってきたにもかかわらず、臨床心理士の職業的専門性は、不確かで拡散的なものに終わってしまうであろう。あるいは、医師・精神科医の単なる助手や下請けに甘んじなくてはならなくなる。その現われが資格化問題における臨床心理士界の混乱のように思われる。精神分析療法家とか認知行動療法家とかになる前に、私たちはまず何よりも、クライエントの手助けに役立つ独自の専門的な「仕事の方法」を持った、「臨床心理士」にこそ（！）ならなくてはならない。それでなければ、精神科医や看護師や教師など他の専門家に対して、専門職としてきちんと対抗することも、真の協力・協働を果たすことも、できなくなる（ことに同じ「こころ・からだ」を扱う専門家として、臨床心理士と精神科医とは本質的に何が違うのかをはっきりさせることは、私たち臨床心理士のアイデンティティにとって避けることのできない重要課題である）。

では、そうした「臨床心理士の仕事の方法」を何処に求めたらよいのだろうか。

私事になるが、私は二十四歳のときから精神科病院（単科精神病院）で臨床心理士として働きはじめた。まったく治療的ではなかった最初の病院から移って、二十八歳から五十二歳までの二十四年間、常勤職として在籍した名古屋市内の大きな私立の精神科病院は、名古屋大学などの医学部の研修病院であり、精神科医局から配属された精神科医も多かった。ことに、私が三十歳半ばから四十歳半ばまでの一九七五年～八五年頃は、精神医学、精神病理学の黄金期であり、しかもその当時の名古屋は木村敏、中井久夫、笠原嘉などが指導する精神病理学、精神療法学のメッカとも言える土地であり、私が働いていた病院にも、優秀な精神病理学徒や精神療法学徒の精神科医が、同僚として勤務していた。精神医学、精神病理学はもちろんのこと、私よりもはるかに精神分析学研究や精神療法学研究に優れた精神科医もいたし、私よりもはるかに熱心に毎週何回も何時間も患者の面接をする精神科医もいた。ロールシャッハ法研究の論文で医学博士を取得した精神科医さえいた。そんな状況の中で、私は私なりに懸命に、十年以上入院しているような重篤な精神障碍の患者から、外来における人格障碍圏や神経症の患者に至るまで、多数の患者に対する心理療法的面接をし、ロールシャッハ法などの臨床心理学的検査も数多く実施しながら、臨床心理士としての仕事に取り組んでいた。しかし、精神療法学（心理療法学）にも精神病理学にも、そして面接にさえ熱心で優秀な精神科医に囲まれていることは、私の臨床心理士としてのアイデンティティを深く揺るがす問題であり課題であった。私にできることは精神科医には全てできるが、当然精神科医にできることでも私には絶対にできない（してはならない）仕事もたくさんあった。「こころ・からだ」の理解とその治療に関して、精神科医は完璧に思われたが、臨床心理士としての私には不完全な所が山ほど目についた。精神科医は優秀で、国家に保証された（「神」にも匹敵する）資格を持ち、最新の科学的な知識と技術を蓄え、何事も手早く器用に処理できるが、私は患者と会って話をすることしか能のない、公の資格など何もない、不器用で愚直な臨床心理士でしかなかった。看護師に「あんな（精神病の）患者さんとただ話をするだけで何になるのですか」「それで治療になるのですかね」と呆れられたように非難されることも珍しくなかった。一体、精神科医とは異なる、臨床心理士としての職業的専門性と独自性などといったものは、本当にあるのだろうかと、深く悩んだりもした。そんな状況の中で、幾人かの病院臨床心理士の仲間は、大学の臨床心理学の教員に転身していった。

大学の臨床心理学の世界はあんなにも明るく華やかなのに、病院臨床心理士の世界は、何故こんなにも薄汚く暗く恵まれないのかと、「まるでゴキブリ」と自嘲的に呟いたりもした。

しかし、そんな先の見えないまさに暗中模索の日々を過ごす中で、重篤な精神障碍（その多くは重度の「統合失調症」であった）の患者たちと、（周囲からはただ話をしているだけにしか見えないような）面接を根気よく重ねていくうちに、少しずつ、ほんの少しずつだが手応えといったものが、感じられるようになってきた。例えば、精神科医の診察、面接と並行して、定期的な（最終的には最近になって「臨床心理学的に配慮されたアプローチ」と称することになる）心理療法的面接を積み重ねていく中で、幾人かの患者について、精神科医の面接の内容と私との面接の内容とが、大きく異なってくる事例が少なからずあることに気づかされた。その非常に極端な例ではあるが、精神科医の面接では「妄想はもうなくなった。あんな馬鹿なことはもう全然考えていない」「妄想も幻聴もなくなってとてもよくなったから、もう退院させて欲しい」と言う一方で、同じ週のうちに行なわれた臨床心理士である私との面接では（私との個人的な秘密の関係の中では）、華やかな妄想、幻聴などの体験を（ときには「主治医の先生には絶対に内緒よ」と釘を刺しながら）語ってくれるという、患者が「治療者を使い分ける現象」を、臨床心理士として体験することになった。しかも、心理療法的に大切なのは、患者がこのような「使い分け」を明確に行なえるようになればなるほど、精神科医や看護師などの観察による状態像は、「とても回復している」「もうそろそろ社会復帰を考えてもよいのではないか」という方向に変化することであった。実際に幾人かの患者は（もちろん精神科医や看護師などとの協働もあって）退院、社会復帰まで漕ぎ着けることができた（この臨床体験の理論的な大きな後押しと励みになったのが神田橋條治・荒木富士夫の「『自閉』の利用――精神分裂病者への助力の試み」（『精神神経誌』七十八巻）の論文であった）。そして、その中の二人の患者をとくに取り上げて、一九七九年、三十七歳のときに「二人の治療者をつかいわけた精神分裂病の症例――つかいわけの出現とその精神療法的意義をめぐって」と題した論文を、『精神医学』誌（二十一巻四号）に発表した（渡辺雄三『精神分裂病者に対する心理療法の臨床心理学的研究』晃洋書房にも所収）。これは非常に極端な例にしても、他にも精神科医のそれとは内容や患者との関係が異なってくる心理療法的面接の体験を通して、私は、臨床心理士と精神科医との（どちらが上とか下ではない）互いの職業的専門性と独自性の相違を、少しずつ認識でき、精神科医とは異なる臨床心理士としての職業的な専門性と独自性を受け入れ、専門職業人としての「誇り」をようやく持てるようになった。

と偉そうなことを言っても、その後もまだまだ、この論文の作成を契機に教育分析を受けることを決心するなど、迷いと模索の時間は続くのだが、それはともかくとして、もう一度強調しておくが、私が発表した事例の当時の主治医は、人一倍熱心で優秀な、患者のことをとても考えようとしていた精神科医であった。それでもこの「使い分け」の現象が生じるのは、人間性や能力の違いではなく（それもまったく無関係ではないにしても）、その現象を生じさせるのは、何よりも、患者とその「こころ・からだ」に対する、臨床心理士と精神科医との、互いの専門性に拠る基本的なアプローチ（接近法）の相違と、それによって生じるクライエントとの「援助関係（治療関係）」性の相違に由るものであった。この「アプローチ」を整理して「臨床心理学的に配慮されたアプローチ」と名付けることにするが、そうした独自の「臨床心理士の仕事の方法」を所有することによってこそ、臨床心理士は、精神科医とは異なる、職業的専門性と独自性とを獲得することができるのではないのか。たとえ重度の精神障碍の患者についても、医学的には脳病理の問題だとされても、その人を理解し、手助けするのに、精神科医には精神科医の専門的で独自な「精神科医の方法」があり、臨床心理士には臨床心理士の専門的で独自な「臨床心理士の方法」がある。臨床心理士には精神科医とは異なる専門的で独自の「臨床心理士の仕事の方法」がなくてはならない。

本書全体を通して、そうした「臨床心理士の仕事の方法」をなるべく丁寧に説明していくことにするが、その議論を少し先取りすれば、例えば、精神科医は、専門職として医療行為の中では、好むと好まざるとにかかわらず、患者との間の、「治す者」と「治される者」との上下の他者関係を構造的に生きざるを得ない。教師にしても、「教える者」と「教えられる者」との上下の他者関係を構造的に生きざるを得ない。それを完全に否定すれば、医療という構造における医師と患者の関係や、教育という構造における教師と学生との関係は、成り立たなくなる。もしくは、医師にしても教師にしても、それを「仕事の方法」として徹底することは、社会的にも構造的にも極めて困難なことである（本当にそう言い切っていいのか。精神科医や教師の方からの反論があれば是非とも聞きたい)。それに対して臨床心理士はどうなのか。

あらかじめ注意しておくが、臨床心理士はそのような「援助関係」性を超越できるなどと、安易なことを主張しようとしているわけでは、決してない。臨床心理士にしても当然のことに、「手助けする(援助する)者」と「手助けされる(援助される)者」との上下の非対称的な構造の中にある。しかし、少なくとも臨床心理士は、臨床心理学という学問を背景として、臨床心理士とクライエントが出会うという構造における、相互の「援助関係」性自体を問題視してきた。理論や学派によってその比重は異なるにしても、たとえ単純な心理検査にしても行動療法的なアプローチにしても、「手助けする者」と「手助けされる者」という構造における、臨床心理士とクライエントとの「援助関係」(人間関係)性をつねに視野に入れて、クライエントとその「こころ・からだ」を理解し、手助けの方法を考えてきた。それは必然的に、その「援助関係」の中で露呈する(精神分析学からは「逆転移」と呼ばれる)臨床心理士自身の問題をも直視せざるを得なくなるが、こうした矛盾をはらんだ厄介な「援助関係」性を、臨床心理士は(自らの専門的な仕事として)クライエントと協力して共に乗り越えようと、努めてきた。すなわち、クライエントと臨床心理士という「援助関係」の壁(構造)を(完全などということは絶対にないにしても)できる限り克服して、何よりも一人一人のクライエント自身に添って、その「こころ・からだ」に可能な限り直に向き合おうと、臨床心理士は努力する。その結果として、私にだけは「妄想」を秘かに語ってくれた先の事例は、そのもっとも尖鋭的な形にしても、クライエントは、稀ならず、他では決して語ることのない体験を語り、他では決して表現することのない感情を表現する。「秘儀的な」とつい表現したくなるような独特な「援助関係」性が、クライエントと臨床心理士の間に開かれてくる（それがクライエントの手助けに役立つと同時に、また大きな危険や副作用を伴うものであることも承知している。のちに触れるが、その危険や副作用についても理解し充分な手当てをすることも臨床心理士の専門性である）。こうした深い（それだけに厄介な）「援助関係」を成立させる、独自の専門的な立場と方法（アプローチ）、そしてその「援助関係」性を通した独自の援助（手助け）論とが、臨床心理学に、そして臨床心理士にはあろう。河合隼雄の日本文化的な視点にも立った大きな功績を始めとして（『ユング心理学入門』培風館・『心理療法論考』新曜社・『心理療法序説』岩波書店・『臨床心理学ノート』金剛出版等）、クライエントとの「援助関係」性を苦心して模索し、探求してきた臨床心理学、心理療法学、精神分析学、精神病理学などの歴史と臨床実践での積み重ねを、私たちは持っている。

今は、それらを簡単に忘れ、もう過去のものとして葬り去ったかのような空気に満ちている。これは日本文化全体の特徴かもしれないが、臨床心理学は、学問自体がまだ未成熟で、心理臨床現場と大学・学問の世界との相互交流が非常に乏しいために、目新しい考えや最新の療法に安易に飛ついて、（無責任なマスコミにも影響されて）流行のものに右往左往する傾向があるようである（あれだけ臨床心理士の心を掴んだ「河合隼雄」も単なる一時的なブームに過ぎなかったのか）。その空気からしたら「まさに時代錯誤」と揶揄されるだろうが、これまでの臨床心理学、心理療法学の蓄積を改めて整理して、臨床心理士の職業的専門性と独自性である「臨床心理士の仕事の方法」として、提案してみようと思う。

第二章　臨床心理学的に配慮されたアプローチ

私自身が考える「臨床心理士の仕事の方法——その職業的専門性と独自性」とは、要約的に言えば、「臨床心理学的に配慮されたアプローチ」と呼ぶ専門的、職業的な基本原則に従いながら、何らかの「こころ・からだ」の問題を抱えるクライエントにかかわり、クライエントの「こころ・からだ」を（依拠する臨床心理学の理論や習得した心理検査の技法を活用して）できるだけ理解し、その理解に基づいて共感を生成し深め、そして、理解と共感に支えられてクライエントのために（身につけた心理療法やカウンセリングの手法を活用して）適切な手助けをしようと努めることにある。これが、臨床心理士が普遍的に共有すべき「方法」であり、この「臨床心理士の仕事の方法」にこそ、臨床心理士の職業的専門性と独自性がある。

そして、ここで言う「臨床心理学的に配慮されたアプローチ」とは、次に挙げる八つの原則に基づいたクライエントへのアプローチ（方法）である。

すなわち、

第一の原則　「一人一人のクライエントを確かな対象として」、クライエントの「こころ・からだ」を理解し、手助けする。

第二の原則　「クライエントと直接かかわることを通して」、クライエントの「こころ・からだ」を理解し、手助けする。

第三の原則　「クライエント自身の体験とその表現を核にして」、クライエントの「こころ・からだ」を理解し、手助けする。

第四の原則　「現前性・状況性・歴史性・関係性・個体性・希求性の総体的視点から」、クライエントの「こころ・からだ」を理解し、手助けする。

第五の原則　「クライエントと臨床心理士との相互関係の中で」、クライエントの「こころ・からだ」を理解し、手助けする。

第六の原則　「臨床心理士自身のこともつねに含み込んで」、クライエントの「こころ・からだ」を理解し、手助けする。

第七の原則　「依拠する臨床心理学の理論や方法を信頼し、かつ疑うことも忘れずに」、クライエントの「こころ・からだ」を理解し、手助けする。

第八の原則　「何よりもクライエントのために」、クライエントの「こころ・からだ」を理解し、手助けする。

もちろんのこと、臨床心理士がかかわるクライエントや心理臨床現場はまったくさまざまであるから、この八つは、あくまでも、臨床心理士としてできるだけ努めるべき仕事の基本原則であり、同時にその目標であり課題である。

私自身は、かなり柔軟にではあるが、ユング心理学を中心にして広義の精神分析療法的立場に依拠している。しかし、「第七の原則」として示したように、自身が依拠する理論や方法を、深く信頼しながらも、なおかつ（矛盾した背反的なことを言うが）疑うことを忘れず懐疑的に冷ややかに見るのも、「臨床心理士の仕事の方法」の、欠かしてはならない「原則」の一つと考えている。そのことを前提にして、認知行動療法的立場に依拠する臨床心理士や、その他の理論的立場の臨床心理士のことも考えに入れながら、これだけは臨床心理士全体が共有すべき「アプローチ」の原則ではないかと思い、八つの「原則」に基づく「臨床心理学的に配慮されたアプローチ」を提案してみた。だが、ある理論的立場からは、反論、異論が出されるかもしれない。願わくば、この「原則」「条件」

だけは（普遍的な）「臨床心理士の仕事の方法」として認めることができない、というものがあれば、それを主張していただければとてもありがたい（その討論自体が「臨床心理士の職業的専門性と独自性」を互いに確認し合う作業になろう）。

なお、この「原則」に関しては、前著の『私説・臨床心理学の方法』（前出）においても、学問としての「臨床心理学の原則」として七つの原則を挙げたが、それに「「現前性・状況性・歴史性・関係性・個体性・希求性の総体的視点から」」、クライエントの「こころ・からだ」を理解し、手助けする」を新たに加えて八つの原則とした（この視点が「臨床心理学の方法」として必要不可欠なことは前著の中でも繰り返し述べた）。また「第二・第三・第五・第七の原則」については、その表現を改めたが、前著において「臨床心理学の方法」として示した七つの原則と、本書において「臨床心理士の仕事の方法」として示す八つの原則とは、内容的にはほとんど同じものである（私自身にとっては「臨床心理学の方法」と「臨床心理士の仕事の方法」とは表裏一体のものであるが、学問としての「臨床心理学の方法」はまた別のものであるという考えも当然のことにあろう。それが刊行した『臨床心理学の方法』の書名に「私説」を付けた所以でもある）。

この八つの原則に基づく「臨床心理学的に配慮されたアプローチ」に従ったクライエントの「こころ・からだ」の理解と、その理解と共感に支えられた手助けにこそ、臨床心理士の職業的専門性と独自性がある、と私は考える。より臨床実践的に言い換えれば、こうした「臨床心理学的に配慮されたアプローチ」に従った（クライエントと会い、話を聴き、話を交わす）心理面接にこそ、またそれに支えられた（！）心理検査や心理療法（カウンセリング）の実施にこそ、臨床心理士の職業的専門性、独自性があり、仕事の基本モデルがある。この「臨床心理士の仕事の方法」を、なるべく丁寧に、加えてなるべく身に備わったものとして自然に、個々の心理臨床現場で実践できること、もしくはできるだけそのように努めて実践すること、それがプロフェッショナルとしての「臨床心理士」の条件だと、私は考えている。

とても残念なことだが、精神分析療法にしろ認知行動療法にしろどちらにしても、こうした「配慮」をまるで欠いた心理療法の実施が、一部の臨床心理士に実際に見られる（その「配慮」を欠く点では精神科医自身が行なう精神分析療法や認知行動療法の内容に対しても違和感を覚えることが少なくない）。厳しい言い方になるが、それを私は「臨床心理士の仕事の方法」とは認めたくない。私からしたら、精神分析療法的か認知行動療法的かということよりも、むしろ、「臨床心理学的な配慮をしているかどうか」「臨床心理学的な配慮ができるかどうか」の方が、臨床心理士としての相違点ははるかに大きい。先にも述べたが、教師が知能検査をしたり、最近は看護師が認知行動療法を実施しているという話を耳にする。心理検査にしても心理療法にしても、同じものを医師や教師や看護師がそれぞれの職業的専門性に基づいてマニュアル的に行なうのと、臨床心理士が「臨床心理学的に配慮されたアプローチ」のもとに慎重に行なうのとでは、原理的には異なるものと考えるし、結果的にもかなり違ったものになろう。

心理検査ができるかどうかが、あるいは心理療法（カウンセリング）ができるかどうかが、臨床心理士の条件ではない。「臨床心理学的に配慮されたアプローチ」に従った心理検査なり心理療法ができること、もしくはできるかぎりそのように努めて心理検査なり心理療法を実践すること、それが臨床心理士の条件だと、私は考える。「ただ話を聞くだけなら、臨床心理士でなくても誰でもできる」という批判は、医師や教師や看護師などからよく聞こえてくる。しかし、（外からは「ただ話を聞いているだけ」のように見えても）「臨床心理学的に配慮されたアプローチ」に従ってクライエントの話に丁寧に耳を傾けることは、誰にでもできることでは決してない。それは、臨床心理士としての訓練と研鑽の結果、はじめて可能になる高度に専門的な作業である（渡辺雄三「臨床心理士の個人開業」前出）。

繰り返すが、臨床心理士とは、「臨床心理学的に配慮されたアプローチ」の原則、すなわち「一人一人のクライエントを確かな対象として」、「クライエントと直接かかわることを通して」、「クライエント自身の体験とその表現を核にして」、「現前性・状況性・歴史性・関係性・個体性・希求性の総体的視点から」、「クライエントと臨床心理士との相互関係の中で」、「臨床心理士自身のこともつねに含み込んで」、「依拠する臨床心理学の理論や方法を信頼し、かつ疑うことも忘れずに」、そして、「何よりもクライエントのために」という八つの原則に従いながら、さまざまな臨床心理学の理論と、各種の心理療法や心理検査の療法・技法を活用して、そしてできれば自らが信頼する理論や療法・技法に腰を据えて、クライエントの「こころ・からだ」を理解し、手助けする職業的専門家のことである、と私は主張したい。

ただし、以前にも強調したことだが（「臨床心理士の個人開業」前出）、臨床現場が原則通りにいかないことは、三十年近くに及んだ私立単科精神病院の常勤の仕事を通して、もちろん私自身、それこそ骨の髄まで、身に染みて分かっている。乱暴な医師から、「三十分でロールシャッハ法の検査をして所見も出してくれ」と命令されたことさえある。あるいは、これも若いときの経験だが、精神科医でもある多忙な院長の代診として、病棟の入院患者三十人ばかりを、「一日で面接しておいてくれ」と指示されたこともあった。不条理な指示に対応しなくてはならないことも、理屈通りにはいかないことも、妥協しなくてはならないことも、臨床現場には無数にある。しかし、たとえそのような場合にしても、私たち臨床心理士の専門性、他職種の専門家とは異なる独自性は、八つの原則に基づいた「臨床心理学的に配慮されたアプローチ」に従って、クライエントにかかわり、クライエントの「こころ・からだ」を理解し、共感し、クライエントの手助けをする、もしくはできる限りそのように努めて実践しようとするところにある。

原則はあくまでも原則だが、しかし、原則は私たちが常に立ち返らなくてはならない中心軸、屋台骨であり、ことに操作的な技術や手軽な方法、流行の理論に左右されがちな現在の（これまでもだが）臨床心理学界の状況においては、基本の原理・原則を確認しておくことは、臨床心理士のアイデンティティのためにも、臨床心理士独自の職業的専門性を考えるうえでも、重要であろう。

医療心理臨床の現場でも、スクールカウンセリングの現場でも、病院や学校の管理的構造や方針、医師や教師の考え方ややり方によって、原理・原則通りに「臨床心理士の仕事の方法」を実践できないことは多々あろう。しかし、原則を見失って現場の意向のままに不用意に流されたり安易に譲歩してしまうのと、妥協を自覚しながら原則との距離を推し量り少しでも原理・原則に近づこうとする意思を持って模索し続けるのとでは、クライエントへの影響としても臨床心理士の姿勢としても、決定的に違うであろう。本書で主張する「臨床心理士の仕事の方法」が、そのための原点であり観測定点であり灯台であってくれたら、嬉しい。

また、この八つの原則は、原則であると同時に、臨床心理士の終生の目標、課題でもあると、私は考えている。この課題を、臨床的実践的にも、学問的理論的にも、どこまで追究でき、どこまで深められ、どこまで真に自分自身のものとして身につけられるかに、（臨床心理士人生の終生にわたる）私たちの成長、成熟の目標があると、思う（余談だが、大学の臨床心理学の教授になることと、（単なる資格ではない）本物の「臨床心理士」になることとは、もちろん別次元の問題であり単純な比較はできないにしても、しかし、私の独断と偏見では、前者よりも後者の課題の方がはるかに難しいと、自戒も込めて思う。心理臨床現場で働く臨床心理士の方々には、その「矜持と野心」を是非とも持っていていただきたい）。

私自身のことを振り返ってみても、若い頃は、「（「統合失調症」者を始めとして）重い精神障碍の患者の面接など何の意味もない無駄なことだ」という空気に精神医学も臨床心理学も支配されていたこともあり、第一の課題（原則）「一人一人のクライエントを確かな対象として」と、第二の課題（原則）「クライエントと直接かかわることを通して」とをこなすだけで必死だった（質はともかくクライエントの数では誰にも負けない自負がある)。その内(先に私の「妄想研究」として紹介したように)心理療法学や精神分析学の発展と、何よりも重い「統合失調症」の患者とその「妄想」に教えられて、第三の課題(原則)「クライエント自身の体験とその表現を核にして」の意味が少しずつ分かってきた。それと共に、第四の課題(原則)の「現前性・状況性・歴史性・関係性・個体性・希求性の総体的視点から」の重要性が徐々に理解できるようになってきた。しかし、それを深めれば深めるほど、第五の課題(原則)「クライエントと臨床心理士との相互関係の中で」と、第六の課題(原則)「臨床心理士自身のことも含み込んで」とが避けられない問題になってきて、四十二歳から七年間、ユング派分析家による教育分析を受けることになった。そしてその後、夢分析による心理療法を通してユング心理学に傾倒したが(渡辺雄三『夢分析による心理療法』金剛出版・『夢の物語と心理療法』岩波書店・『夢が語るこころの深み』岩波書店)、ようやく最近になって、第七の課題(原則)の「依拠する臨床心理学の理論や方法を信頼し、かつ疑うことも忘れずに」の背反的課題に取り組むことが、少しは身に付いてきたかと思う。そしてそれらが、最終的には、第八の課題(原則)「何よりもクライエントのために」を果たすことになるのだろう。

それでは、以下に各論として、「臨床心理学的に配慮されたアプローチ」の八つの原則を各章一つずつ取り上げ、具体的、実践的な方法や手続きにも触れながら、「臨床心理士の仕事の方法——その職業的専門性と独自性」を巡って、考えてみることにする。

各論　「臨床心理学的に配慮されたアプローチ」の八つの原則

第一章 「一人一人のクライエントを確かな対象として」、クライエントの「こころ・からだ」を理解し、手助けする

一 一人一人のクライエントこそが仕事の対象であり、相手である

「臨床心理学的に配慮されたアプローチ」の第一の原則を、「「一人一人のクライエントを確かな対象として」、クライエントの「こころ・からだ」を理解し、手助けする」とした。臨床心理士にとって、一人一人のクライエントこそが、仕事の対象であり、相手であり、その個別性に焦点を当てるということである。

この「一人一人のクライエントを確かな対象として」と、次の第二の「クライエントと直接かかわることを通して」は、内容的に重なり合う部分もあるが、前者はクライエントの対象性、個別性の問題を、後者はクライエントとの関係性とその直接性の問題に、重点を置いて、二つに分けることにした。この二つは、八つの原則の中で、臨床心理士の独自の方法というよりも、医師にしても

看護師にしても教師にしても、また弁護士にしても建築士にしても、「クライエント（クライアント）」と呼ぶか否かはともかくも、何らかの専門的な手助けを求められる人たちに対して、仕事としてかかわろうとする者にとっては、ほとんどの専門家が原則とする大前提、大原則であろう。

しかし、「言うは易く行なうは難し」で、観念的な建前やお題目だけなら誰でも言える。単なる標語ではなく、一人一人のクライエントを前にして、具体的に地道に実践していかなくてはならない。しかも、臨床心理士は、その仕事が、一人一人のクライエントの「こころ・からだ」という、非常に個別的で、微妙で繊細な問題にかかわることだけに、その職業的専門性・独自性として、このほか、「一人一人のクライエントを確かな対象として」と「クライエントと直接かかわることを通して」について、できるだけ注意深い臨床的な配慮と手続きが必要となる。実践的、具体的に言えば、前者からは、「一人一人のクライエントの立場に立つ」「時間・場所をきちんと決めてクライエントに会う」「クライエントが表現した言葉や内容を不用意に外に漏らさず自分の内に抱え続ける」「同じ家族や知り合い同士では、例えば夫と妻とか、父親（母親）と子どもとかを、なるべく同一の臨床心理士がセラピストとして担当しないように注意する」「クライエントの担当者はできる限り同一の臨床心理士が継続的にかかわり安易な変更や交代はしない。もし変更や交代が必要になった場合にはクライエントの見捨てられ感や喪失感、孤独感などに充分に配慮する」などの課題が生じてくる。後者からは、「クライエントの「こころ・からだ」というものはクライエントと直接かかわることによってこそ理解できる」「間接的な情報だけで不用意に臨床心理学的判断を下すことは危険であり避ける」「臨床心理学的な理論や方法はあくまでもクライエントとの間においてこそ適用が確認されるものであって、クライエントによっては修正の必要があったり、適用すべきでないことがある」「何よりもクライエントの言葉や表現に丁寧に耳を傾ける」「手助けのためにはクライエントの良さや健康さも見なくてはならない」などのことが生じてくる。そして、これらを地道に実践していくためには、日常的に実践できる「形（形式）」を方法として持っているとよい。その「形」の一つが、次節で考える「時間・場所を決めてクライエントと会う」ということになる。

第一、第二の原則は、集団心理療法や心理教育、ディケアなど主に集団やグループを通して仕事をしている臨床心理士からは、異論が出されるかもしれない。しかし、集団心理療法においても、最初に集団やグループがあるわけではないだろう。まず一人一人のクライエントがいて、そのクライエントと直接かかわることによる「こころ・からだ」の理解、それも臨床心理学的判定や精神医学的診断はあくまでもその一要素とする総体的な理解の結果（第四の原則）、そのもっとも適切な援助（治療）方法として、集団心理療法や心理教育が選択されるのであろう。頑なに理想を言うつもりはないが、集団心理療法に限らず、例えばもしも、「＊＊の障害（疾病）＝＊＊による援助法（治療法）」といった機械的な図式にまったく依存しているとしたら、それは「臨床心理士の仕事の方法」ではない。

また、実際に、集団心理療法や心理教育、ディケアなどで、クライエントをグループとして扱っている場合においても、単に全体の中の一人ではなく、「一人一人のクライエントを確かな対象として」かかわり、その「こころ・からだ」を理解し、手助けしようとする姿勢を、臨床心理士としてはつねに持っていたい。原則的には、例え集団心理検査にしても、臨床心理士の仕事として実施する場合には、この配慮は忘れずに、一人一人のクライエントの不安や緊張、その表情や行動にも目を配って、臨床心理士としての仕事を果たしていきたい。その配慮がなければ、それは単なる心理学実験になってしまう。

二　時間・場所をきちんと決めてクライエントに会う

「一人一人のクライエントを確かな対象として」かかわるための、明確な臨床実践の形として、臨床心理士がクライエントと会う場合には、それが心理面接であろうと心理検査であろうと心理療法であろうと、いずれにしろ、それらを実施する「始まりの時間」「終わりの時間」、そして「その場所」を、できる限りはきちんと決めて、クライエントにもできる限り伝えて、クライエントに会いたい。現在の私自身の仕事でいえば、最初の相談面接にしろ定期的な心理療法の面接にしろ、必ず六十分丁度の時間を取り、場所も「渡辺雄三分析心理室」というクライエントに配慮した空間において行なっている。開業心理臨床として料金をいただいて職業として行なう以上、譲れないスタイルである。ただ、これは、かなり理想的で、先に強調したように、臨床現場では自分の思い通りにいかないことも多かろう。しかし、たとえ十五分にしろ三十分にしろ、臨床心理士がクライエントと面接する場合には、「何月何日の何時何分から何時何分までの間」という「時間」と、何処でという「場所」、それもクライエントのプライバシーの保護にも注意を払った静かな場所・部屋とを定めて、クライエントと会い、話を聴くことを、臨床心理士の原則としたい。

とくに継続的な心理療法の場合には、できる限り、毎週（もしくは隔週あるいは毎月）の何曜日の何時から何時までという規則性のある日時を定め、場所もなるべくいつも固定した同じ部屋を用意して、クライエントと会いたい。またその時間も、対話を中心にした心理療法であれば、できれば四十分から六十分、最短でも三十分は欲しい。場合によっては、他者と向かい合って面接することに強い不安のある重い水準のクライエントなどに対しては、十五分に限って面接するという方法（治療法）もあり得ようが、少なくとも、その時間はいつも一定にするよう注意して、ルーズに長引かせたり、早めに切り上げたりすることは、避けたい。

こうしたことは、臨床心理士によっては、あまり重要な問題とは考えずに、不用意に扱っている人がいるかもしれない。反対に、ごくごくあたりまえのことだと思っている人もいるだろう。あたりまえすぎてかえって安易に考えられることもあるかもしれない。しかし、クライエントにきちんとした「時間」と「場所」とを提供することは、臨床心理士の専門性・独自性に大きくかかわる問題であり、臨床心理士が職人的に強迫的になって実践すべき「仕事の方法」の一つと、私は考えている。ときに時間や場所にルーズな臨床心理士がいるが、それがどれだけ、クライエントにとって自分がきちんとした対象として大切に扱われていない感覚を引き起こしているか、しかも往々にしてその感覚をもともと根底に秘めているクライエントにとっては手助けを受けることの妨げになっているか、臨床心理士であれば想像力を働かせたい。いつもきちんと仕事を進める職人（臨床心理士）の姿は、安定した環境の中で生きることが妨げられがちだったクライエントを、とても安心させるものであるし、確かな対象として扱ってもらっているという感覚と体験を生み出し、「こころ・からだ」の回復を助ける。

三 クライエントが表現した言葉や内容を外に漏らさずに抱え続ける

孵化するまで親鳥が卵を抱え続けるごとく、臨床心理士は、クライエントが面接室の中で語った言葉、表現した気持ちや感情などを、不用意に外に漏らさず、自分の内に抱え続けなくてはならない。それがクライエントに、確かな対象として扱われ、抱え守られているという感覚を生みだす。そのもっともはっきりした形は、心理検査にしろ心理療法にしろ、臨床心理士に向かって一人一人のクライエントが語った個人的な情報の秘密を、臨床心理士がしっかり守ることで示される。他では漏らしたことのない生い立ちや生活史、自分の中に秘め続けてきた両親や家族に対するさまざまな思い、口にするのも躊躇《ためら》われる非常に恥ずかしいことや屈辱的な体験、自身の身体を傷つけたり自殺したいほどの深刻な絶望感、他者を傷つけたり殺したいほどの激しい怒りや恨み、犯罪にかかわる重大な隠し事などの、クライエントが秘密にしておきたいことや隠しておきたいことについて、臨床心理士は、丁寧に耳を傾け、そしてできる限り、外に漏らさずにこころの中にしっかり抱え続ける。

こうしたいわゆる守秘義務は、単に臨床心理士の職業的な倫理にとどまらず、「一人一人のクライエントを確かな対象とする」臨床実践のための、重要な「仕事の方法」でもある。臨床心理士は、その点をしっかり理解しておきたい。臨床心理士にとって一人一人のクライエントが確かな対象となるためには、逆にクライエント側から言い換えれば、目の前の臨床心理士がクライエントにとって確かな対象（他者）になるためには、秘密の共有が大きな力（梃子）になる。

ただ、この秘密の共有ということに関して、臨床心理士があまりにクライエントと二人だけの秘密ということに拘り過ぎると、精神科医や教師、看護師など一緒に仕事を進めるスタッフに、自分たちが排除されているような不満や疎外感を味わわせたり、意見の食い違いや対立が生じたりするので、充分に注意しておきたい。私の「妄想の使い分け」の事例にしても、当初は二人だけの秘密に拘って、主治医である精神科医に疎外感を味わわせ、ぎくしゃくしたこともあったが（その背後には、お互いのアイデンティティを巡る不安に伴う臨床心理士と精神科医との対抗意識があった）、その治療的意味をよく話し合うことで、すなわち、この「使い分け」はあくまでも両者の専門性の違いを利用した治療的な方法であって、どちらが治療者として優れているかを競っているのではまったくないと認め合うことで、何とか乗り越えることができた。こうしたことを防ぐためには、臨床心理士が守るべきクライエントの秘密には、「臨床心理士一人が抱えなくてはならないもの」「スーパーバイザーや指導者と二人で抱えるもの」「担当の精神科医や教師など重要なスタッフと共有して抱えるもの」「関連あるスタッフ全員が協力して抱えるもの」「病院や学校など組織として抱えるもの」などのレベルがあることを、よく理解しておきたい。例えば、クライエントの出生や幼少期の体験にまつわる秘密は、臨床心理士一人かスーパーバイザーとの二人で、抱え続けなければならない問題である。ときには臨床心理士一人が墓場まで持って行かなくてはならないクライエントの秘密もあろう。それに対して、クライエント自身や他者の安全や生命が脅かされたり、犯罪の危険性が高い問題については、担当の主治医や教師などと情報を共有しておく必要性が高くなろう。そのために、クライエントと心理療法を始めるときに、「ここでこれまで話したこと、これから話されることの秘密はできる限り守ります。ご家族の方に漏らすこともありません。ですから、安心してお話ししてください。ただ、＊＊さんが、自殺を考えられたり、ご自分を傷つけようとされたり、また犯罪に関するようなことについては、私なりにできる限り秘密を守る努力はしますが、私の力だけではどうしても及ばない場合には、他の専門家に相談したりご家族の方に話したりすることはあります。申し訳ないですが、それだけは心得ておいてください。でもその場合も、できるだけ＊＊さんと話し合ってからにします」といったことを、誠実にクライエントに伝えておく（『私説・臨床心理学の方法』より一部訂正して引用）。

四 一人一人のクライエントの立場に立つ

「一人一人のクライエントを確かな対象として」という第一の原則からは、先に述べたように、「同じ家族や知り合い同士では同一の臨床心理士は担当しない」とか「クライエントの担当者はできる限り同一の臨床心理士が継続的にかかわる」といった臨床心理学的配慮が生じてくる。学派によってその重要性は多少違いがあろうが、他にも、「臨床心理士が行なう仕事に対するクライエントの不安や疑問に丁寧に答える」「臨床心理士はクライエントとの面接の時間や約束したことを守る」「クライエントを差別しない」「クライエントの価値観、人生観、思想、信仰を尊重する」「クライエントとその人生を労り、敬意を持って接する」などのことが考えられよう。言うなれば、「一人一人のクライエントの立場に立つ」ということになるが、これに関連して、よく精神科医や教師から、「臨床心理士はクライエントの肩を持ちすぎる」「クライエントだけを善い者にして、スタッフを悪者にしてしまっている」などの不満や批判を聞くことがある。あまりにクライエント二人だけの密室的共生的関係に陥って、スタッフと対立したり、齟齬を来たしたりすることには、充分に注意しなくてはならない。ただし、こうした不満が生じるのは、ただ単純にクライエントの一方的な味方をしているのは問題にしても、第三の原則「クライエント自身の体験とその表現を核にして」とも関連するが、臨床心理士の専門性としての「一人一人のクライエントの立場に立つ」ポジションからも生じてくる。このことは、弁護士の仕事を思い浮かべると、理解しやすいかもしれない。弁護士は、どのような凶悪な犯人についても、例えば、大阪の小学校に侵入し何の落ち度もない小学一、二年生を八人刺し殺して死刑が執行された宅間守に対しても、あくまでも彼の立場に立って、犯罪に至った彼の人生と彼を取り巻く状況をできるだけ理解し、精神医学的障碍や責任能力の有無を調べ、裁判官の「情状酌量」を得るための資料を整え、少しでも彼本人に役立つような法律的判断を法廷で主張する。それは、単純に被告人を善い者にするとか被告人の味方をするということではなかろう。そうしたポジションを取ることこそが、弁護士の職業的専門性であり独自性であり、国家資格として国民から要請され、期待されているのであろう。そして、同様に臨床心理士も、クライエントに対して、「一人一人のクライエントの立場に立つ」ポジションを取ることが、その職業的専門性と独自性として必要となるし、またクライエント自身を始めとする多くの人々から期待されていることでもあろう。例えば、精神科医が医学的な立場からときには社会防衛的な立場から、クライエントの精神医学的診断を下し、医学的な治療の必要性を主張するのに対して、臨床心理士は、それだけでは収まりきらない、またそれから漏れ出てしまう、一人一人のクライエントの悩みや苦しみをできるだけ掬い取り、できるだけクライエント自身に沿って、その「こころ・からだ」を理解し、手助けの方法を考えようとする。第四章で改めて取り上げるが、宅間守にしても、精神科医による『精神鑑定書』を読むと、彼の幼少期からの粗暴さや落ち着きのなさが素質的な問題（障害）として片づけられてしまっているようだが（岡江晃『宅間守精神鑑定書』亜紀書房）、「臨床心理士の仕事の方法」からすると、もう少し彼の幼少期の状況や親子関係について、何よりも宅間守自身の体験に沿った（宅間守の立場に立った）臨床心理学的、発達心理学的な理解があってもいいように思われる（とくに幼少期における母親との関係はほとんど触れられていない）。ただし、臨床心理士が、このようなポジションを取ることは、往々にして、精神科医や看護師、あるいは教師などから誤解されたり、不満を持たれたりすることになるから、そうしたポジションを取ることが、決して精神科医や教師に反対したり対立するためなのではなく、あくまでも臨床心理士の職業的専門性、独自性から生じてくること、それを精神科医や教師や周囲のスタッフなどによく理解してもらう努力は普段から怠ってはならない。臨床心理士の国家資格化に際しても、このような（「こころ・からだについての弁護士」といった）視点も加わるといいのだが、現実離れした期待に過ぎないのだろうか（あくまでも人権を守る法律家の立場からだが、国連のＮＧＯである「国際法律家委員会（ＩＣＪ）」は、わが国の精神医療に対する勧告として「すべての精神科病院に患者がアクセスできる「患者の（ための）カウンセラー」を配置することを求めている（国際法律家委員会編／広田伊蘇夫他訳『精神障害患者の人権――国際法律家委員会レポート』明石書店））。

第二章　「クライエントと直接かかわることを通して」、クライエントの「こころ・からだ」を理解し、手助けする

一　「こころ・からだ」は直接かかわることによってこそ理解できる

「臨床心理学的に配慮されたアプローチ」の第二の原則を、「「クライエントと直接かかわることを通して」、クライエントの「こころ・からだ」を理解し、手助けする」とした。クライエントの「こころ・からだ」というものは、クライエントと直接かかわることによってこそ、真の理解に少しでも近づけるし、また手助けもできるということであり、援助関係の直接性、具体性の問題である。「クライエントと直接かかわることを通して」、「こころ・からだ」を理解し、手助けするなどとは、あたりまえと言えばあたりまえのことである。クライエントと直接かかわらずに間接的な情報だけで不用意に臨床心理学的判断を下すことの危険性については、次節で考えるが、しかし、クライエントと実際に会ってはいても、クライエントとのかかわり（関係性）がまるでなく、ときには科学

の名の下に、単なる検査対象や治療対象である「物」として扱っている場合があるので、注意を促しておきたい。

クライエントを理解し、その手助けをするという仕事は、一人一人のクライエントの「こころ・からだ」という、非常に個別的で、微妙で繊細な問題にかかわることだけに、クライエントを単なる客観的対象（物）として扱っていては、その「こころ・からだ」を理解することはできない。クライエントと直接に関係を持つことによってこそ、単なる外見だけでなく、クライエントが示す表情、態度、雰囲気などをはじめて見ることができるし、他者に対するかかわり方や言葉、表現の仕方などを知ることができる。また身体そのもの、体格、太り具合・やせ具合、目つき・視線、喋り方などを観察することができる。それを通して「こころ・からだ」の理解が少し進む。たとえ症状や外見の行動からは内閉的な重い「統合失調症」とか「認知症」と診断されているクライエントにしても、他者との関係においては、ほのぼのとした穏やかな雰囲気を示すクライエントもいれば、まったく他人を寄せつけない硬く冷たいオーラを発するクライエントもいる（ちなみに精神病理学的には後者よりも前者の方がむしろ「主体性（自己性）」がより希薄になっていて「無私」「無欲」「無垢」といった印象を与えることになっているかもしれない）。まったく十人十色である。実際にクライエントにかかわってみて、その十色の微妙な色合いを知らなければ、一人一人のクライエントの個別的で微妙な「こころ・からだ」を理解することは難しい。

精神医学の立場からだが、木村敏は、「（単なる病名確定だけでなく患者との治療関係を方向づけてくれるあらゆる情報の収集と分析の）唯一の、そして究極の拠り所は、治療関係それ自身でしかありえない」と強調し、「治療関係においては、患者と治療者の双方が互いに相手に対して行為しあい、「ふるまい」あう。臨床実践において治療者の適切な行動を導いてくれるのは、記号としての患者の個別的症状であるよりは、むしろ患者と「ふるまい」の全体である」と語る（『分裂病の詩と真実』『木村敏著作集7臨床哲学論文集』弘文堂）。とくに精神科医療における治療関係について述べているとはいえ、クライエントの「こころ・からだ」を理解し、手助けするためには、クライエントの「ふるまい」の全体に触れること、すなわち「クライエントと直接かかわること」の不可欠性が、主張されている。

二　間接的な情報だけで不用意に臨床心理学的判断を下すことの危険性

もちろん、クライエントと直接かかわらなくても家族や周囲の人を支援、援助することによって、またその情報を通して、間接的にクライエントの手助けをすることも臨床心理士の仕事として少なからずある。しかし、やはり「臨床心理士の仕事の方法」としては、「クライエントと直接かかわること」によってこそ、はじめてクライエントを、そしてその「こころ・からだ」を、深く理解できること、共感できること、適切な手助けが実践できることを、基本原則としたい。

例えば、家族や精神科医からの情報だけだと、「かなり重い統合失調症の患者さんだ」と予測していても、実際にクライエントに直接お会いして、直によく話を聴いてみると、「精神病的な症状はあるにしても、かなり健康な部分を持っておられる方だ」「もしかすると統合失調症ではないかもしれない」「丁寧な心理療法的面接もこの方の手助けのためにはとても大切だろう」などと、こちらの判断や理解を訂正しなくてはならないことも、少なくない。

あるいは、これは私自身が臨床心理士養成大学院の教員になって度々体験し、ときに感銘さえ覚えたことだが、両親からの聞き取りや知能検査などの情報をもとにその方面の専門家も交えた受理会議において「発達障害」とか「アスペルガー障害」と考えられた子どもが、「遊戯療法」しかもほとんど素人に近い大学院生による「遊戯療法」を受けることによって（もちろん教員による指導を受けながらだが）、子どもの他者との関係性や情緒的表現が大きく変化していき、最終的には、当初の「発達障害」などの査定がそもそも間違っていたのではないかと思わざるを得ないケース、もしくは発達障害的な問題よりも他の要因の影響がより大きいと思われるケースが、稀ならずあった。一見状態的には「発達障害」とか「アスペルガー障害」と思われるケースでも、「遊戯療法」などによる直接的なかかわりを通して子どもの状態と（「遊戯療法」による）対他者関係の変化を丁寧に観察していくと、幼少期における対象関係の問題など環境的、状況的要因がより大きく影響しているのが分かってくることがある。これに関連するが、最近、精神科医に限らず臨床心理士も（精神科医よりも子どもの幼少期の親子関係や養育環境には専門的知識と理解があるはずなのにもかかわらず）、「発達障害」「アスペルガー障害」「注意欠陥多動性障害」などの診断・査定を少々不用意に乱用している危険を感じる。ＤＳＭ‐Ⅳの作成委員長であったフランセス（Frances, A.）自身でさえ、「診断の氾濫を食い止めようと努力したにもかかわらず、ＤＳＭ‐Ⅳは診断のバブルを膨らませるためにずっと乱用されてきた。目標は退屈なほど控えめなものにし、方法に執拗までに細かくこだわり、頑固なくらい保守的なものを作ろうとしたのに、子どもたちのあいだに精神疾患の三つのまやかしの流行が新たに発生するのを予見も予防もできなかった。――自閉症、注意欠陥・多動性障害（ＡＤ／ＨＤ）、小児双極性障害（ＣＢＤ）の三つである」と、自らが中心になって作成したＤＳＭ‐Ⅳについて反省をこめて語っている（大野裕監修／青木創訳『〈正常〉を救え』講談社）。

「間接的な情報だけで不用意に臨床心理学的判断を下すことの危険性」は、事例の検討会でもスーパービジョンにおいても、またときにはマスコミなど他から意見を求められたときなどにも、注意を払っておかなくてはならないことだろう。このような場合、直接かかわったことのないクライエントについて、他からの情報や資料だけに基づいて、いろいろ意見をついつい言いがちである。また言わなくてはならないこともあろう。それはそれとして、ことに若い人たちの研修・訓練のために必要なことではある。しかし、コメントする立場の者は、実際のクライエントの姿、態度や表情、他者とのかかわりの仕方や雰囲気などを直には知らないままに憶測で理解している危険性を、重々自覚しておかなくてはならないだろう。ときには、指導者による理論的には正しいコメントにしても、クライエントに直接にかかわっている臨床心理士からしたら、腑に落ちない意見もあろうし、クライエントを目の当たりにしている臨床心理士の直感的理解の方が、理論的、原則的には少々おかしくても、そのクライエントの身になれば、案外に的を射ていることもあろう。

三 理論や方法はクライエントとの間においてこそ適用するかしないかを決める

長く「統合失調症」者の心理療法に携わってきた私の経験からすると、最近若い臨床心理士たちが、「統合失調症や精神病圏の患者さんの話はあまり聞かない方がいいですよね」「統合失調症には心理療法は禁止ですよね」と、ほとんど紋切り型の口調で言うのが少々気になる。彼らはそのような指導、教育を臨床心理士養成大学院で受けてきたのであろう。確かに、不用意に「統合失調症」圏のクライエントの話を聞くこと、とくにその「妄想」を聞くことによって、「妄想」の確信性を強めたり、その確信による行動化を誘発したり、非現実的世界に陥れ、自閉性を強めたり、あるいは人格のまとまりを崩してしまったりすることがある。ことに臨床心理士が、『ただ漫然と「妄想」を聞いている場合」や「病気や症状への関心だけから聞いている場合」、「精神病理学や臨床心理学的興味から根掘り葉掘り聞いている場合」、「「妄想」のテーマ性や物語性をしっかり把握し、理解しようとする態度に欠ける場合」、あるいは「「妄想」を持たざるを得ないクライエントの哀しみに治療者が鈍感な場合」や「現実世界や現実性というものに治療者があまりに囚われていて、非現実的なもの、空想、イメージ、夢などといったものに逆転移的不安や怖れを強く感じている場合」、これらの場合には、またそれらが複合的に重なった場合には、「妄想」を聞くことの危険性はいっそう高くなる。

いいかげんな共感や、いいかげんな治療的態度で聞くぐらいなら、「妄想」は、聞くよりも聞かない方がはるかに心理療法的であろう(『精神分裂病者への心理療法の臨床心理学的研究』前出)。しかし、あくまでも心理療法的配慮であったこうした注意が、「統合失調症や精神病圏のクライエントの話は聞かない方がいい」という通説として(精神医療の内部でも)まかり通ってしまっていて、臨床心理士や精神科医が彼らの訴えに丁寧に耳を傾けること自体を阻んでしまっている。その背後には、臨床心理士や精神科医自身の精神病的体験に対する恐れや不安が、もしくは精神病圏のクライエントにあまりかかわったことのない自信のなさが潜在していて、その防衛として通説が(治療的禁忌として)利用されているのであろう(若い臨床心理士や精神科医の問題よりもそれを指導、教育する教師の問題が大きかろう)。

これを書いている今現在、大学院修士課程の二年生と資格を取ったばかりの臨床心理士との二人に対して、彼らがそれぞれの実習先や勤務先で実施している、いずれも精神科医から「統合失調症」と診断されているクライエントの定期的な心理療法へのスーパービジョンを行なっている(スーパービジョンが前提であるにしても、若い彼らに重い病態のクライエントの心理療法を任せてくれる精神科医がいてくださることはありがたい)。彼らが行なうこの心理療法について、私自身の実際の臨床体験も踏まえ、その危険性に対する心理療法的な配慮を怠らないように充分に注意しながら、それぞれのクライエントが訴える「妄想」にも丁寧に耳を傾け、彼らの不安や孤独感、疎外感に思いを馳せて共感的な心理療法を粘り強く続けられるように、スーパービジョンにおいて指導し、ときにはひやひやしつつ見守っている。一人は一年以上、もう一人は三年を越えて心理療法が続けられているが、少なくともこの二つのケースに関しては、多少の波風はあるものの、徐々に少しずつだが、話がだんだんまとまったものになってきて、自分の問題に対する自覚も少しずつ生じて、「妄想」も臨床心理士との二人の関係の中で抱えられるようになってきている。何よりも、二人のクライエントとも、ひどく不安定になることもなく、社会での自立した生活を継続できている。このスーパービジョンの経験を通して、改めて、「統合失調症」圏のクライエントに対して彼らの訴えに丁寧に耳を傾けることの（治療的）重要性、そして彼らにとって安心できる他者（臨床心理士）の存在の（治療的）重要性を、痛感している。たとえ「統合失調症」と診断されているクライエントにしても、頭から「統合失調症だから心理療法はできない」「話を聞くことは治療的に危険であるからなるべく話は聞かない方がよい」などと決めつけるのではなく、できるかぎりは、クライエントと直接かかわることを通して、その是非を慎重に考えたい。確信的な「妄想」を扱うことは心理療法家としての熟練が必要ではあるにしても、少なくとも「統合失調症」者が病者として抱える疎外感、孤独感などについて耳を傾けることは、多くの「統合失調症」のクライエントが、切実に求めていることであり、治療的にもとても重要なことであろう。

「理論や方法はクライエントの間においてこそ適用するかしないかを決める」ことを、臨床心理士の仕事の方法としたい。それは、精神分析療法についても、認知行動療法についても言える。どんなに正しく思われる理論にしても、どんなに正しく思われる心理療法の方法にしても、一人一人の実際のクライエントによっては、修正の必要があったり、適用すべきでないことがあろう。神経症水準のクライエントへの精神分析療法もしくは精神分析的心理療法にしても、発達障碍的傾向が少なからずあって情緒的問題を深めると混乱してしまうクライエントであれば、その技法をかなり柔軟に適用する必要があろう。あるいは、うつ病圏のクライエントに効果的とされる認知行動療法もしくは認知行動的心理療法にしても、うつ症状に対して幼少期からの対人関係（対象関係）的状況的問題が深く影響し関与しているケースであれば、少しずつその問題も取り扱うように技法を修正しなければならないだろう。このことは、心理療法の技法にとどまらず、心理検査の実施についても言える。クライエントの「こころ・からだ」の理解や査定、診断のためには心理検査を是非実施したいと考えていても、実際のクライエントを目の当たりにして、クライエントの不安や緊張感がとても強く伝わってくれば、無理に心理検査を実施するよりも実施しない方が、その後の心理療法や精神医学的治療、治療関係などに対して、ずっと害にならないし、むしろ手助けに役立つことはあろう。身体医学はともかくとしても、臨床心理学や精神医学においては、（ごく一部の器質的障害を除いて）心理検査の実施が絶対に必要ということはほとんどなかろう。そうは言っても、医療現場では医師の指示として心理検査をどうしても実施しなくてはならないこともあろうが、できれば、クライエントに代わって（いわばその弁護人として）その弊害を伝えられるような信頼関係を、日頃から医師との間で作っておきたい。

四 クライエントの言葉や表現に丁寧に耳を傾ける

第一章で述べた、「時間・場所を決めてクライエントと会う」臨床心理士の仕事の方法は、すなわち、クライエントが自分の思いを自由に語ることのできる時間と落ち着いた場所を、クライエントに提供するということである。臨床心理士側から言えば、「クライエントの言葉や表現に丁寧に耳を傾ける」ということになる。このことは、本章でテーマとする「「クライエントと直接かかわることを通して」、クライエントの「こころ・からだ」を理解し、手助けする」ための、何より大切な実践方法であろう。ことに、目まぐるしく慌ただしい現代社会の中にあって、それはいっそう重要な意味を持とう。医療、とくに精神科医療において、クライエント（患者）は、自分のこころやからだのことについて、丁寧に聴いて欲しいと強く願っている。だが、精神科医の面接（診察）は、五分から十分程度で終わってしまうものがほとんどであろう。話を聴くことに経済的価値を認めない現行の医療保険制度に問題があるとしても、そもそも現代の精神医学や精神医療がクライエントの話に丁寧に耳を傾けることに治療的価値を置いているとは、とても思えない。クライエントの話を丁寧に聴くことは、薬物療法とほとんど同様の、ときにはそれを上回るほどの治療成果があると、私には思えるのだが、科学的手法と素早い結果だけが求められる時代の中で、丁寧に話を聴くこと自体に治療成果を求めるなど、非科学的で時代遅れと、否定されたり無視されたりする。世間的には話を聴くことが専門と思われている精神科医でも実状はこの程度のものであるから、他の専門家にしても、推して知るべしかもしれないが、そうした時代の風潮の中にあって、むしろそのような時代であるからこそなおさらに、臨床心理士は、一人一人のクライエントに、せかされずに落ち着いて話のできる定まった時間と、安心して話のできる静かな場所とを提供し、そしてその時間と場所においてクライエントの言葉や表現に丁寧に耳を傾ける（ほとんど唯一の）専門家として、自身の仕事に誇りを持ってよい。またそれを「臨床心理士の仕事の方法」としてもっと大切に思ってもよい。しかも、そこで丁寧に耳を傾けるものは、単に言葉を通しての言語表現にとどまらず、行動、態度、表情、遊びなどによる身体表現、夢や絵画などによるイメージ表現にまで及ぶ。

「クライエントの言葉や表現に丁寧に耳を傾ける」ことは、精神分析的心理療法に限らず、たとえ認知行動療法的心理療法の立場を取るにしても、臨床心理士のもっとも基本的な治療態度（臨床心理士の仕事の方法）と言える。「クライエントの言葉や表現に丁寧に耳を傾ける」こと自体が、そもそもクライエントの「こころ・からだ」の手助けに大きな役割を果たしていると思われる。しかし、その治療効果は、今時の流行の言葉を使えば「エビデンス」ということになるが、なかなか簡単には確認することのできないものではあろう。ただ、例えば私自身、精神科病院や精神科クリニックで働く臨床心理士たちともう三十年以上「病院心理療法研究会」と名付けた事例検討会を続けてきた。そこで毎月、一回一例に四時間をかけて現場の臨床心理士が担当しているさまざまな事例を聴かせていただいている。「統合失調症」を始めとして重い精神病圏や人格障碍圏を中心とするさまざまなクライエントに対する（かなり柔軟で広い意味における）力動的深層心理学的な心理療法による臨床実践、ときには五年から十年にも及ぶような、丁寧で粘り強い地道なかかわり（手助け）の報告を聴き、また私の臨床経験による意見をあれこれ言ったりして、自由に話し合っている。こうした研究会を三十年以上続けてきて、私が繰り返し繰り返し深く感じさせられるのは、先にも少し書いたが、「統合失調症」を始めとして重い精神障碍と診断されるクライエント（患者）にとっての、（もちろんその危険性についても充分な心理療法的配慮を払った上での）彼らにとって安心できる他者（臨床心理士）の存在の治療的重要性であり、また同時に、彼らの訴えに丁寧に耳を傾けることの治療的重要性であった。もちろんそのなかには、技術的、技法的にはさまざまな問題があったり、クライエントを充分に手助けできなかったり、不幸な結果に終わったりした事例もあったが、しかし同時に、非常に難しい重篤なこころの「病」のクライエントに対しても、臨床心理学的に丁寧に配慮された心理療法を粘り強く長期に継続して実践することによって、症状や問題行動が少しずつ軽減し、クライエントが変化し成長していくことも、決して稀ではなかった。そのようなクライエントの姿を目の当たりにして、出席者一同が、深くこころ打たれる体験をしたことも度々あった（ただしほとんどの場合当の治療者自身にはその変化はあまり見えていないものである）。この共通体験を、厳密な学問的科学的な意味での「エビデンス」と呼んでいいかどうかは分からないが、このような、臨床経験を積んだ複数の臨床心理士が、一つの事例の数年にわたる経過を時間をかけて丁寧に点検し、症状や問題行動だけに限らないクライエントの在り方全体の変化、成長を見定めることによってこそ、心理療法の効果やその根拠といったものは始めて確認できるのではないのか。そして、それ以上に、誰よりもクライエント自身が、（非常に難しいことではあるが）できるかぎり主体的で自由な立場から、心理療法での体験やセラピストとの関係をどのように評価し、その後の長い人生に渡ってその体験を（症状の軽減や問題行動の改善を含めて）どのように考えているかにこそ、心理療法の真の存在意義といったものは確かめられるのではないのか。しかし、そのためには、何年にもわたる地道な心理療法の実践と、その成果を説得力をもって論文にまとめるという、非常に難しく厄介な課題を乗り越えなくてはならない。「エビデンス」がないのでは決してなく、「エビデンス」として説明するのが難しいだけのことだが、「エビデンス」については、第七章で改めて紹介する精神薬理学者のガミー（Ghaemi, S.N.）が、「ＥＢＭ（エヴィデンスに基づく医学（evidence-based medicine）というものは、特に乱用されやすい方法である。それは、客観的データを優先する傾向があり、研究だけを必要以上に重視して、精神医学の中で生物学的分野や精神薬理学のように客観的データが比較的得やすいような領域だけに注意を向けようとする。近年、精神医学の専門誌に掲載される双極性障害に関する論文の約九十パーセントは、生物学的または精神薬理学的な内容のものである。精神療法や心理社会的な側面、精神病理あるいは疾患分類を扱った論文は約十パーセントにすぎない。これは、客観的経験的な方法（その代表的なものがEBMである）に内在する一つのバイアスを反映している。そのバイアスによって、精神医学の側面の中で非主観的な側面だけが一方的に研究の対象とされることが起こっているのだ」と述べている（山岸洋他訳『現代精神医学のゆくえ』みすず書房）。精神療法（心理療法）学や精神病理学の専門家ではなく精神薬理学者が言っていることがより重要に思われるが、励まされる言葉である。

五 「エビデンス」問題に関して

「エビデンス」の問題に触れたついでに、我が国における「エビデンス」を巡る誤解と混乱について、斉藤清二が詳しく解説しているので、少し横道に逸れるが、紹介しておくことにする（斉藤清二『医療におけるナラティブとエビデンス――対立から調和へ』遠見書房・『事例研究というパラダイム――臨床心理学と医学をむすぶ』岩崎学術出版社）。

斉藤清二は、「（本邦の臨床心理学者は）未だにエビデンス至上主義的な精密さに欠ける主張や、それに対する感情的な反発といった、低いレベルの議論に終始しているような印象を受ける」と述べている（『事例研究というパラダイム』）。確かに、「エビデンス」を巡っては、私自身もこれまで不勉強のためにただ感情的に反発していたところもなきにしもあらずだった。それはさておいて、同書において斉藤は、「『エビデンスに基づく実践』のハイジャックとその救出」という印象的な表題の章において、ＥＢＭ（科学的根拠（エビデンス）に基づく医療）に対する我が国の臨床心理学領域における誤解と曲解について、非常に明快に述べている。以下、同書に拠るが、この誤解と曲解は、「アメリカ心理学会（ＡＰＡ）によって臨床心理学教育に必要な治療技法のためと心理治療に対して支払いを行なう保険会社及び一般市民への治療技法の知識の推進普及とのために作成された「実証的研究によって支持された治療法（ＥＳＴｓ）」のリストに挙げられた心理療法だけこそがＥＢＰ（エビデンスに基づく実践）である」、という一方的な勝手な解釈（ハイジャック）から生じてきているという（同右）。そもそも、「ＥＳＴｓでは多様な心理的治療技法のうちでも、明確な診断技術とマニュアル化された介入法を持つものしか評価の対象にならないという限界が設定されている」（同右）。そのために、ＥＳＴｓリストアップされた治療法の大部分は、「広義の認知行動療法（ＣＢＴ）に関連した治療技法で占められることになった」（同右）。これによって生じた誤解は、アメリカの心理学界においても、二〇〇〇年代前半までは、「ＥＳＴｓのリストを作成し普及することがＥＢＰである」という理解が主流だったらしい。しかし、その混乱はアメリカでは、「少なくとも二〇〇〇年半ばには解消され」、ＥＢＰは「個々の患者（クライエント）のケアにおいて、最新・最良のエビデンスを適切に用いて臨床判断を行うことにより、患者（クライエント）の最大幸福を目指す実践」として定着していった（同右）。だが、「（不思議なことに本邦の臨床心理学においては）「エビデンスに基づく実践（ＥＢＰ）とは、実証的知見によって指示された特定の治療法（ＥＳＴｓ）を患者に用いることであり、それは認知行動療法（ＣＢＴ）を行なうということと同義である」という二重の誤解が、現在も完全に払拭されていないように見受けられる」（同右）。それによって、「（我が国の臨床心理学界においては）「エビデンスに基づいた心理療法とは認知行動療法のことである」という主張が広くなされ、それはおそらく現在も続いている」（同右）ということになる。実際に、認知行動療法はエビデンスのある有効な心理療法であり、精神分析療法はエビデンスのない無効な心理療法であるという誤解、偏見を、臨床心理士や精神科医自身が安易に信じ込んでいたりする。なお斉藤によれば、もともと「エビデンス（実証的な証拠）とは、「個々の患者へのケアにおける臨床判断（治療法の選択は臨床判断の一つである：斉藤注）において用いられる情報であって、「患者の治療に特定の治療技法を用いる」ことがEBMであるのではない」（同右）。そもそもEBMとは、「臨床実践において、エビデンス、患者の意向、臨床能力の三者を統合すること」であり、「個々の患者の臨床判断において、最新最良のエビデンスを明示的良心的に一貫して用いること」であり、決して「非科学的な方法論の排除に向けられたり、個別の実践に焦点を当てるのではなく科学的な一貫性の確立によって自領域の権威化に向けられたりする」ものではない（『医療におけるナラティブとエビデンス』）。

また、斉藤は、このような「エビデンス」問題から派生した「事例報告・事例検討・事例研究」に対する影響について、「本邦の心理臨床領域における事例研究法の価値の低下は、上記のような、エビデンスに基づく実践への誤解と曲解によって引き起こされている部分が大きいように筆者には思われる。心理臨床における事例研究の価値は、この誤解から解放された自由な立場から再度検討される必要がある」と主張している（『事例研究というパラダイム』）。確かに全国的には事例研究は往時ほど盛況ではなくなっているようだが、幸いにも、私の周辺を見る限りは、臨床心理士にとって、クライエントの「こころ・からだ」を深く理解し、少しでもよりよい手助けを見出していくためには、詳細で具体的な事例を通した研鑽、研究こそが何よりも重要であるというコンセンサスは、得られているようである。私自身を振り返ってみても、心理臨床の現場で四苦八苦しながらも多くのクライエントに会い続けてきたことと同時に、先に紹介した「病院心理療法研究会」を中心にした密度の濃い事例検討会による長年にわたる研修、研鑽が、私を臨床家として育て、鍛えてくれたように思う。

六　クライエントの良さや健康さもしっかり見てあげたい

話を元に戻すが、「クライエントと直接かかわることを通して」、クライエントの「こころ・からだ」を理解する原則の、大きな利点は、間接的な情報だけからはつい見落とされがちな、クライエントの良さ（良い点）や健康さを把握できることにあろう。もちろん、直接かかわることによって、クライエントの問題や欠点、弱さ、障碍、病理などがより切実に見えてもくるであろうが、しかし、間接的な情報だけだとどうしても一面的になりがちな、そうしたクライエントに関するマイナス面の情報に加えて、直接かかわることは、クライエントの良さや健康さなどのプラスの面も、より確かに把握することができる。他の専門家以上に、臨床心理士であればなおさら、さまざまな形で示されるクライエントの良さや健康さをしっかり見てあげたい。

例えば、「広くは境界例水準のクライエントと思われるが、仕事だけは（結婚生活だけは）曲がりなりにも持続しており、また自分の衝動性に対して何とか葛藤を抱え、罪責感も感じていることは、この人の健康な面だし、心理療法的な可能性をもっている」とか、「妄想や幻聴などを体験してはいるが、話を聴いてみると、その体験に対して不安な気持ちや「本当にそうなのか？」という思いも強くあり、一緒に考えていける可能性が感じられる」とか、「症状や経過をお聴きすると精神病水準と思われるが、でも、会ってみると、服装もまとまっており、話し方もしっかりしており、外に対して自分を作り上げる力は持っている」などとして、クライエントの良さや健康さを理解することができる。

このようにクライエントの良さや健康さもしっかり把握し理解することによって、臨床心理士は、クライエントのマイナス面を把握する以上に、クライエントの「こころ・からだ」への手助けに対して、「お互いに協力して取り組んでいける接点を見出せる」「クライエントの自己治癒力に信頼を寄せることができる」「これからの治療的なかかわりに希望が持てる」などの点で大いに助けられることになろう。しかも、非常に重篤な精神障碍の患者への心理療法に携わってきた私の経験からすると、ときには絶望的になることもないわけではなかったが、しかし、少し落ち着いてクライエントのことを丁寧に考えたり、また他の臨床心理士や精神科医に相談したりすることによって、どんなクライエントや患者にしても、どこかには必ず良さや健康さを持っていることは、必ず見つけ出すことができたし、それをクライエントの中に発見することができるのも、臨床心理士の重要な役割であり、職業的専門性であると思われる。

第三章　「クライエント自身の体験とその表現を核にして」、クライエントの「こころ・からだ」を理解し、手助けする

一　いわゆる「震災怪談」を巡って

「臨床心理士の仕事の方法」としての「臨床心理学的に配慮されたアプローチ」の第三の原則を、「『クライエント自身の体験とその表現を核にして』、クライエントの『こころ・からだ』を理解し、手助けする」とした。クライエントの「こころ・からだ」を理解するためには、「客観的な事実」よりもむしろ「主観的な体験（主観的な真実）」を重視するという被援助者の体験や表現の内容を巡る問題だが、それについて考えるためにも、いわゆる「震災怪談」についてまず触れておきたい。

二〇一一年三月十一日の東日本大震災以後、すさまじい被害に見舞われた東北の各地において、現実にはありえないような不思議な体験が、人々の間に度々見られたという。そうした話の中から、「みちのく怪談コンテスト2011」の「大賞」に選ばれた須藤茜「白い花弁」を紹介しておこう。須藤の「受賞の言葉」によれば「東日本大震災で、父を亡くしました。父を失い、すべてを失った気

がして途方に暮れていた時、第二回みちのく怪談コンテストの話を伺いました。／鎮魂が目的だったはずが、書き終えてみるとただ単に私のためでした。自分が納得したくて、みちのく怪談の場をお借りして書かせていただいただけなのかもしれません。／怪談としてはとても弱いですが、私の身に起こった本当の話です」とのことである（高橋克彦他編『みちのく怪談コンテスト傑作選2011』荒蝦夷）。


「白い花弁」

大きく揺れた時、私は仙台のアパートにいた。気仙沼の実家にすぐに電話をする。

「こっちは平気。お父さんが仕事場にいるけども、たぶん大丈夫よ」

それきり連絡は途絶え、一週間後にようやく繋がった電話で、父がまだ帰ってこないことを知る。

私にできることは何もなかった。ただひたすら、限られた日常を進めるだけだった。

私は知人に連れられ、近くの銭湯に出かけた。涙はお湯に溶けて誤魔化された。

白い花弁が一房、靴の中に入り込んでいた。真っ白な、今切り取られたばかりのような瑞々しさを保って、そこにあった。

靴箱に入れた時は無かったはずである。しかし説明はつかず、私が気がつかなかっただけだろうという話をして、笑った。

二週間後、木箱に入れられて、父が帰ってきた。

顔の部分だけガラスで縁取られており、肩から下を見ることができなかった。水に濡れた顔は青白く、細かい傷が付いていたが、大きな怪我はなかったためにすぐに父だと分かる。遺体に触る事はできなかった。触りたい。触りたい。ほんの少しでいいから。

棺の中に隠れている、身体があるはずの方向に視線をやり、目を見張った。

胸の上に、白い花が添えられていた。それは靴の中に入っていた、あの花と同じものだった。

父を思い出すとき、あの白い花を思い出す。足の裏で感じた、冷たさと柔らかさを。そのたびに最後まで触れる事のできなかった父の濡れた皮膚を思い、三月のひんやりとした白さと重なり、ああ、崩れたとしても触れておきたかった、と、思う（須藤茜「白い花弁」高橋克彦他編『みちのく怪談コンテスト傑作選 2011』荒蝦夷）。

東日本大震災に関連して、もう少しいかにも怪談らしい話として、須藤は、次のような話も伝えている。

「ゆく先」

宮城県の沿岸部に住む友人から聞いた話である。

港の近くを歩いていると、たまに季節はずれにも防寒具を着た人たちに出会うという。夏の暑い日だというのに、洋服を何枚も重ね着して歩いている姿を見かけるそうだ。

「あの日は三月だけど、雪が降るほど寒かったから」年齢も性別もその時その場所によって違うが、皆一様に、まっすぐ前を見ながら、同じ方向に歩いて行くのだという。

「岸壁まで行くと、ふわって、消えるんだ。どうしてわざわざ海に行くんだろうって、思うけど」うちの兄ちゃんはまだ見てないけど、まったくどこにいるんだか、と、友人は目を赤くしながら笑った（須藤茜「ゆく先」高橋克彦他編『みちのく怪談コンテスト傑作選2011』荒蝦夷）。

「震災怪談」としてはすでに柳田国男の『遠野物語』の第九九話に、一八九六年（明治二九年）の明治三陸大津波（海嘯）で妻を亡くした男が、妻の幽霊に遭う話が載せられているという。その話も紹介しておく。


土淵村の助役北川清という人の家は字火石《ひいし》にあり。代々の山臥《やまぶし》にて祖父は正福院といい、学者にて著作多く、村のために尽くしたる人なり。清の弟に福二という人は海岸の田の浜へ婿《むこ》に行きたるが、先年の大海嘯《おおつなみ》に遭いて妻と子とを失い、生き残りたる二人の子とともに元《もと》の屋敷の地に小屋を掛けて一年ばかりありき。夏の初めの月夜に便所に起き出でしが、遠く離れたる所にありて行く道も浪《なみ》の打つ渚《なぎさ》なり。霧の布《し》きたる夜なりしが、その霧の中より男女二人の者の近よるを見れば、女は正《まさ》しく亡くなりしわが妻なり。思はずその跡をつけて遙々《はるばる》と船越《ふなこし》村の方へ行く崎の洞《ほこら》あるところまで追い行き。

名を呼びたるに、振返りてにこと笑いたり。男はと見ればこれも同じ里の者にて海嘯の難に死せし者なり。自分が婿に入りし以前に互いに深く心を通わせたりと聞きし男なり。今はこの人と夫婦になりてありというに、子供は可愛《かあい》くはないのかといえば、女は少しく顔の色を変へて泣きたり。死したる人と物いうとは思はれずして、悲しく情けなくなりたれば足元《あしもと》を見てありし間に、男女は再び足早にそこを立ち退《の》きて、小浦《おうら》へ行く道の山陰《やまかげ》を廻《めぐ》り見えずなりたり。追いかけて見たりしがふと死したる者なりしと心づき、夜明けまで道中《みちなか》に立ちて考へ、朝になりて帰りたり。その後久しく煩《わずら》いたりといえり（柳田国男「遠野物語九九」『遠野物語・山の人生』岩波文庫）。

二　「主観的な真実」と「客観的な事実」

このような話に臨床心理士はどのように耳を傾けたらよいのだろうか。須藤茜や須藤の友人や福二が、クライエントとして臨床心理士の前に現われて、こうした体験を訴えたとしたら、彼らのその「こころ・からだ」を少しでも理解し、共感するためには、臨床心理士はどのような方法、態度で、この話を聴いたらよいのだろうか。

そのためには、次章で述べる「現前性・状況性・歴史性・関係性・個体性・希求性の総体的視点から」の「現前性」の視点を先取りすることにもなるが、まずは何よりも、須藤や須藤の友人や福二が生々しく体験したこと、そのことについて、「思い違い」であるとか「錯覚」であるとか「偶然の一致」

であるとか（ユング心理学に頼って）「共時性」であるとか、ましてや「幽霊」であるとか「幻覚」であるとかという先入観を捨てて、その体験そのものをクライエントの「主観的な真実」として受け取らなくてはならない。

臨床心理士は、客観的な事実がどうこうと言うことよりも、何よりもまずは、須藤たちや福二の生々しい具体的な体験の詳細について、丁寧に聴き、同時に、その体験において須藤たちや福二に生じたさまざまな感情について、その驚愕、その恐怖、その不安、その歓喜などについても耳を傾けようとする。すなわち、「クライエント自身の体験と表現を核にして」、「客観的な事実」よりも「主観的な真実」を手がかりにして、クライエントの「こころ・からだ」を理解し、共感しようと努める。そして、その理解と共感をいっそう深めるためには、その当時に須藤が体験していたであろう「父親の生死に対する極度の心配と不安」「最悪の事態に対する恐怖」「すぐにも現地に飛んで行きたい焦燥感、もどかしさ」「もう一度父の体に触れたいという切実な願い」、そして「須藤自身が実際に味わい、その後も続いている足下が大きく揺らいで自分の存在や人生そのものがひっくり返ってしまったような（物理的でもあり心理的でもある）恐怖」などを巡っての言葉やその表現に、臨床心理士は、耳を澄ませなくてはならない。たとえ具体的な言葉として表現されなくても、できる限り思いを馳せなくてはならない。あるいは福二が体験していたであろう「妻や子供を亡くした喪失感」「妻に対する愛着や未練、寂しさ」「自身も味わった大津波の恐怖」、またもしかしたら「妻のかつての恋人を巡る嫉妬心や腹立たしさ」などに耳を傾け、思いを馳せなくてはならない。その理解が進むに従って、須藤にあっては「幼少期から現在に至るまでの父親との関係やその歴史」、福二にあっては「妻とのこれまでの関係やその歴史」にも理解は深められなくてはならない。そして、こうした理解を通して、須藤が靴の中に発見した「白い花弁」が、ようやく戻ってきた父の遺体の胸の上にも顕われざるを得ない須藤にとっての必然性、すなわちその「主観的な真実」に、臨床心理士は、深く納得するであろう。また、福二の妻が再び福二の前に顕われざるを得ない福二にとっての必然性、「主観的な真実」にも、深く納得するであろうし、兄が行方不明のままの須藤の友人が、津波で亡くなった人たちと出会わざるをえない「主観的な真実」にも、納得するであろう。あるいは、納得できるまで（腑に落ちるまで）、クライエントの話を臨床心理士は聴かなくてはならない。

臨床心理士が、表面的な「客観的な事実」に拘泥するのではなく、あくまでも「クライエント自身の体験とその表現を核にして」、すなわちクライエントが訴える「主観的な真実」に深く耳を傾け、理解し、共感するとき、怪談は単なる「怪談」や「不思議な話」で済まされたり、それで終わるのではなく、クライエントが体験しなくてはならない必然的な人生の「物語」に変容する。またそれによってこそ、クライエントの過酷な体験は、（少しづつにしても）クライエントの中に納められ修復される。須藤は「鎮魂が目的だったはずが、書き終えてみるとただ単に私のためでした。自分が納得したくて、みちのく怪談の場をお借りして書かせていただいただけなのかもしれません」と述べている。須藤が自身の体験をこころに納めるために、そして父親喪失の体験から回復するために、父との「物語」を語る「みちのく怪談コンテスト」の場を必要としたように、クライエントのさまざまな体験がクライエント自身によって消化され、納められていくためには、クライエントの体験を「主観的な真実」として丁寧に耳を傾ける「他者」を必要とする。そうした「他者」であることを重要な職業的専門性とするのが「臨床心理士」という存在であり仕事であろう。福二は「その後久しく煩いたり」とあるが、福二のこの怖い不思議な体験、そして妻と子を不意に奪われた過酷な体験について(「主観的な真実」として)きちんと耳を傾けてくれる人が、誰か居てくれたら良かっただろうにと思う。

ここでは「震災怪談」という特殊な例を持ち出したが、「クライエント自身の体験とその表現を核にして」、クライエントの「こころ・からだ」を理解する課題(原則)は、クライエントが語るあらゆることに及ぶ。クライエントの語ることが、たとえ「作り話」や「空想」や「嘘」や「妄想」であるように思われたとしても、何よりもまず、クライエントにとっては「主観的な真実」として、臨床心理士は、クライエントの話に丁寧に耳を傾けようとする。「作り話」「空想」「嘘」「妄想」などといった判断をいったんは停止して、そうした体験をせざるを得ない、あるいはそうした話を語らざるを得ないクライエントの「こころ・からだ」を、できる限り理解し、共感することに努める。

そのもっとも極端な例が、「主観的な真実」と「客観的な事実」とが極端に分離し、しかもクライエントが、「主観的な真実」の方を絶対的に確信しているところの「妄想」であろう。前章でも述べたように、安易な態度で不用意に妄想を聞くことには治療的危険性はあるものの、しかし、一見「客観的な事実」からしたらまったく理解できないような不可解な訴えにしても、たとえ精神病水準のクライエントが訴える被害妄想にしても誇大妄想にしても、彼らが置かれた状況やこれまでの歴史を通してみれば、（まるで不可解な夢にしてもクライエントの文脈で丁寧に考えれば理解できるように）決して理解できないわけではない（『精神分裂病者に対する心理療法の臨床心理学的研究』前出）。百歩譲っても、中井久夫が言うように、「いかに妄想が〝了解不能〟でありえようとも、妄想を持つ人間の苦悩は原理的にも実際的にも決して了解不能ではない」（「精神分裂病状態からの寛解過程――描画を併用せる精神療法を通してみた縦断的観察」宮本忠雄編『分裂病の精神病理2』東京大学出版会）。

ただし、矛盾した背反的なことを付け加えるが、須藤や須藤の友人や福二の体験に対して、その「主観的な真実」に深く納得しながら、しかし同時に、臨床心理士は、須藤の体験に対して、もしかしたら非常時の極度の不安、恐怖から錯覚が生じたり認知の混乱を来たしているのではないのか、福二の体験に対しても、もしかしたら非常時の極度の不安、恐怖から幻覚を体験しているのではないか、という冷めた目も必要とする。すなわち「主観的な真実」を核にしてクライエントの「こころ・からだ」を理解することに努めながら、同時に、「客観的な事実」についても点検しようとする。サリヴァン（Sullivan, H.S.）の「関与しながらの観察（関与的観察）」ということになろうが、サリヴァンは「患者の話を聴く際にはすべて「批判意識を伴う関心」（クリティカル・インタレスト）を持つべきだと言いたいだけである。（中略）せめて大いに心中自問して欲しい。しかし、患者が嘘つきだとか、自己を表現できないとか、そういう仮説を置くことはよくない。ただ、いつも心に「果たしてそうか」という単純な問いを持ちつづけてほしい」と述べる（中井久夫他訳『精神医学的面接』みすず書房）。

「関与」と「観察」も背反的と言えるが、クライエントの「主観的な体験（真実）」に深く耳を傾けるためには、それと同時に、その「主観的な真実」と「客観的な事実」との間の距離を測っておく冷静な観察も必要とする。それがないと、クライエントと臨床心理士の双方が共々、「主観的な真実（体験）」という大海を、目標もなく漂い続けることになって、結果的には「主観的な真実」に深く耳を傾けることができなくなってしまう。海の中に深く潜ろうとすればするほど、ある定点（海面）を必ず確認しておかなくてはならないのと同じように、「主観的な真実」を深く聴くためには、それをただ盲信するというのでは決してなく、「客観的な事実」を同時に点検しながら、クライエントにとっての「主観的な真実」としての必然性を理解することによってこそ、はじめて可能になろう。「臨床心理学の見方・考え方」の一つとして「「両価性・背反性」を心得ておく」を挙げたことがあるが（『私設・臨床心理学の方法』前出）、矛盾した背反的な見方や考え方の双方にできる限り両足を架けて踏み留まろうと努めるのも、「臨床心理士の仕事の方法」であろう。

「クライエント自身の体験とその表現を核にして」、クライエントの「こころ・からだ」を理解しようとする臨床心理士の仕事の方法は、ヤスパース（Jaspers, K.）が主張した「発生的了解」にも重なる。次に、ヤスパースの言う「発生的了解」と「因果的説明」について触れておく。

三　「発生的了解」と「因果的説明」

精神科病院で働き始めた一九六五年頃、ヤスパースの『精神病理学総論』（岩波書店）は、私にとって数少ない貴重な臨床心理学（異常心理学）の教科書であったが、いまどきヤスパースを取り上げるなど、それこそ「時代遅れ」と言われそうである。しかし、先に少し触れたガミーは、二〇〇七年に刊行した『現代精神医学原論』（日本語訳刊行は二〇〇九年、村井俊哉訳、みすず書房）、及びその続刊である『現代精神医学のゆくえ』（前出）において、改めてヤスパースの方法論を再評価している。それにも拠りながら、ヤスパースの「発生的了解」と「因果的説明」について見ておく。

ヤスパースは、「自然科学では因果関連のみが見出されうるのであるが、心理学的認識では更に、全く異った種類の関連の把握がある。即ち、精神的なものから精神的なものが、我々にとって了解できる様式で「発生」する。攻撃された者は腹を立てて防御行為をするし、欺かれた者は邪推深くなる。心的なものがこのように心的なものから分れて発生することを、我々は発生的に了解するのである。かように我々は体験反応や、激情の発展や、誤謬の発生を了解し、夢や妄想の内容や、暗示の作用の内容を了解し、異常人格をその特有の性質の関連という点で了解し、ある人生の運命的進行を了解し、患者がいかに自分自身を了解するかを了解し、又自己了解の様式がいかにこれから先の精神的発展の一つの因子となるかということを了解する」と述べて、心理学的な事象や精神生活の認識における方法論として、「因果的説明」だけでなく「発生的了解」の重要性を強調する（内村祐之他訳『精神病理学総論（中巻）』岩波書店）。すなわち「因果的説明」が『反復された経験を基として、いくつかの事実を客観的に連結して規則的なものにすることにより、我々は因果的に説明する」のに対して、「発生的了解」は「精神的なものの中へ身を移し入れることによって、我々は精神的なものが精神的なものから生ずるのを発生的に了解する」（同右）。この「発生的了解」の方法は、「了解的に行う総体直観から出発し、この総体直観が分析されて、一方では順次に表現、内容、現象が解明され、他方では意識外の機構が解明される。そして実存の可能性が経験的に探求しえない根底として感知される。最後に種々の事実と種々の範囲の意味をこうして分割編制を行いながら広めていって、関連を再び豊富に了解することができるようになる。具体的の例に対してはその時々の成果をとりあげて追究し、この方法をくりかえし、客観的な資料を集め、新しい全体的直観と洞察の分析とをやりとりしながら、この追究を掘り下げるのである」。すなわち「心理学的了解の対象は、一方ではあらゆる客観的事実、体験された現象、考え加えられた意識外の機構と、他方では自由な実存との中間にある」（同右）。それ故、「因果的説明」とは異なって、「心が中間的存在である結果として、発生的了解は自分だけで決着をつけ、これで全体に通暁していると思いこんでいるわけにはゆかない。了解なるものは一つの把握の仕方であり、人間的現実の中へ投げる一つの光であって、人間自体と全体とに届く方法ではない。従って了解心理学は皆完結のないものである」、「了解心理学においては、了解的関連が本来明証性をそなえているにも拘らず、個人個人の例へ適用するにあたっては、決して包摂によって証明された結果に至るのではなく、蓋然的結果に止まるしかない。了解心理学は一般的知識から機械的に適用すべきものではなく、常に新たに個人的直観を必要とする」。そしてヤスパースはこの文章を「解釈は原則においてのみ科学であり、適用にあたっては一つの芸術である」というブロイラーの言葉で締めくくる（同右）。

こうしたヤスパースの「発生的了解」について、ガミーは、ディルタイ（Dilthey, W.）も援用しながら、「（自然科学における因果的説明に対して）人文系学問の場合には、次の三つの側面が現れるとディルタイは主張した。第一に、研究の対象となる人あるいは人々の「生きられた体験」が推量される。この過程は共感を通じて生じる。続いて、一人称的な体験（生きられた経験）は、他者の「表出」によって補強される――その人が言語的に言うこと、あるいは非言語的に振る舞うこと、こうした表出が、おそらくはその人との直接の対話によって得られる。この第二段階のあとに、了解という完全に認知的な行為が続く。了解とはそれらすべてを、何らかの意味へと引き寄せて、観察された行動や、目下研究の対象になっている人間についてのテーマに意味を持たせようとする試みである」と述べ、「発生的了解」には、「主観的経験（主観的真実）」「言語的・非言語的表現」「意味の創造（意味の理解）」の三つ組みが存在するという。とくに、「意味の創造」について、「（発生的了解は）一つの現象に対する意味の創造や発見にかかわる。その場合、人間の一人称的経験のみに基づくのではなく、むしろその現象に対する精査を経て獲得された総合的理解によって、まさにそのことを行なう。人間に関わる現象（たとえば幻聴など）は、一人称的に共感され、三人称的に実証的に分析され、人間にかかわるその他の現象（たとえば文化的特徴など）との関連も頼りとすることによって、吟味される。こうして、観察者は全体についての総合的意味に到達することになる」と語る（山岸洋他訳『現代精神医学のゆくえ』みすず書房）。そもそもヤスパースも「夢や妄想の内容」さえ発生的に了解できると述べているが（内村祐之他訳『精神病理学総論』（中巻））、ここでガミーが「幻聴」を例に挙げながら「一人称的に共感され、三人称的に実証的に分析され、全体についての総合的意味に到達する」と主張していることは、「須藤茜や須藤の友人や福二らが体験したこと」にしろ「妄想」にしろ「夢」にしろ、その「主観的経験（主観的真実）」に対して一人称的に共感され「意味の理解（意味の創造）」へと至ることが、充分に可能なことを示している。「因果的説明」だけが科学的方法と考える人たちからは、須藤が靴の中に触れた「白い花弁」と父の胸に見出した「白い花弁」とが同一のものであるというエビデンスを示せと迫られそうだが、現代の精神医学も臨床心理学も、「エビデンス」という流行言葉《はやりことば》に示されるように、「因果的説明」に重きを置きすぎて、人間の「こころ・からだ」を理解する、もう一つの重要な科学的方法としての「発生的了解」をあまりに軽んじているように思われてならない。

ガミーは、「もし精神医学が科学であるとすれば、それは因果的説明に加えて、意味の了解に依存する科学である、と。しかし了解は、それが科学的試みであるということにおいて、因果的説明と変わるところはなく、精神医学を相対主義へと追いやることはない。なぜなら、了解の方法を精神医学に適用しながら、同時に、以下に述べる科学的方法の二つの基本的な側面に忠実であり続けることが可能だからである。自らの理論に対して利用できるどのような証拠であれ、肯定的・否定的双方の観点から使用すること、それが第一の側面である。そして、疑いを持つという懐疑的態度が第二の側面である。了解に際しては、個人の発話や観察可能な行動のように、ある程度まで信頼性があり一般化可能であるような証拠が存在する。しかし、このような証拠はいつも限定的であり、したがって、それらに基づく解釈は、完全に正しいと証明されることはない。それでも、存在する証拠を説明するうえでの難しさの大小という点において、解釈は敏感に影響を受ける。だから、ポパーの反証可能性の基準のような、科学についての厳しすぎる定義は、放棄されなければならない。しかしそのような厳しい定義を持たないからこそ、さまざまな考えに対する懐疑的態度に確固として献身することが、科学的統合性を維持するためには必要なのである」（村井俊哉訳『現代精神医学原論』）と述べると共に、「私たちはこのVerstehen（発生的了解）を、特に精神医学の領域においては、蘇生しなければならないのだろう。そのことは、科学とは何を意味するのか、どのような種類の知を私たちは所有しているのか、ということをよりよく理解するために必要である。さらには、自然科学と人文諸学問とのまさに中間に座している、精神医学という学問領域において知を前進させるには、Erklären（因果的説明）とVerstehenという二つの基本的な方法をどのように適用するのが最良なのか、こうしたことを考える上でもVerstehen概念の復活は必須なのである」と主張する（山岸洋訳『現代精神医学のゆくえ』）。精神医学のみならず、臨床心理学においても、ことに現場で働く「臨床心理士の仕事の方法」としての「発生的了解」の、生き生きとした蘇生が望まれる。

四 「無意識」という仮説

「無意識」などという用語を使用すると、精神分析学的な立場に拠らない臨床心理士などから、「無意識」なるものの働きや存在を仮説的にしろ臨床心理士の普遍的な方法の一つと考えることに対して、疑義や批判が出されるかもしれない。しかし、教条的な精神分析学を強く批判する精神薬理学者のガミーでさえ、フロイト主義の中で生きているものとして、「転移」「逆転移」「防衛機制」「無意識の心的状態という概念」『ほとんどの人間の行動が非合理的な性格のものであるという考え』「人生における性欲の重要性」「予断なく傾聴することの有用性」「いくつかの精神障害において小児期の心的外傷が重要である可能性」を挙げている（村井俊哉訳『現代精神医学原論』）。精神分析学やガミーに頼らなくても、そもそも、「無意識」なるものについては、エレンベルガー（Ellenberger, H.F.）の『無意識の発見——力動精神医学発達史』（木村敏・中井久夫監訳、弘文堂）に拠れば、「無意識心性と心的力動の体系的研究は無論かなり新しい事柄に属するが、（「無意識」なるものを利用した）力動精神療法の起源は、その祖先やそのまた祖先がつくる長い一本の線を辿って遠い過去まで遡ることができる」のであり、エレンベルガーはその例として、呪術、悪魔祓い、告解、儀式、参籠などの原始治療（原始心理療法）を挙げている。

エレンベルガーの『無意識の発見』の書については、河合隼雄が、『ブックガイド心理療法』（日本評論社）の冒頭において「最初に取り上げる本として、あまり迷うことなく本書に決めた。これは、心理療法家にとっての必読の書である」と推奨しているが、この書を通して、「無意識」と呼ばれる心的状態の働きや存在を仮説的に考えて、クライエントの「こころ・からだ」を理解しようとするのは、たとえ精神分析療法的立場に拠らなくても、そして「無意識」という用語を使用するかどうかはともかくとしても、「臨床心理士の仕事の方法」として不可欠なものであることを、考えておきたい。

エレンベルガーがとくに「日本語版への序」で述べていることだが、「無意識的心性という観念を持つことと、無意識を実地に活用することとの間には大きな開きがある。そのため、この二つを源泉とする二つの流れは互いに独立して流れ、時には近づき時には遠ざかるが、決して完全に合流することはなかった」（『無意識の発見』）。そして、第一の「無意識を実地に治療に活用すること」は、「遙かな過去にまで遡る。歴史的に辿れる範囲でも、無意識は伝統的に二つの方法で治療に供されてきた」のであり、その一つは「治療者が患者の無意識のある面を引き出して、それを患者の治療のために活用する」方法であり、もう一つは「治療者が自分の中に無意識の諸力を発動させるもの」であり、その例として、「（シャーマン自身がトランス状態に入って）聖霊たちの住む国に旅立ち、行方不明の（患者の）魂を捉えて元の持ち主に戻す」ことを挙げている。テーマから逸れるが、これに関してエレンベルガーは、「重症の人格水準低下を示す分裂病患者を相手に精神療法を行う治療者は、残された人格の健康部分と接触し、自我を再建しようとするわけだが、これを、行方不明になった魂の残した足跡を辿る旅に出て亡霊たちの世界まで魂の行方を追い求め、魂を抑留している悪鬼たちに戦いを挑み、生者の世界まで魂を連れ戻すシャーマンたちの現代における後継者とみることはできないであろうか？」と語っている（同右）。

それに対して、第二の「無意識心性という概念」は、「無意識の応用より新しい。この概念は、多数の人々の努力の積み重ねをとおして洗練されたものである。それは、ありとあらゆる宗教に属する神秘家たち、ギリシャ哲学者、ヒンズー哲学者、聖アウグスチヌスの直観にまで遡及できるが、無意識という概念に形を与えたのはやはりライプニッツで、ライプニッツ以後、無意識概念は急速な発展を遂げ、ドイツ・ロマン派に至ってきわめて大衆的となる」（同右）。そして、「決して合流することのなかった」ところの「無意識的心性という観念を持つこと」と「無意識を実地に活用すること」との合流点に、フロイト（Freud, S）が出現することになる。「フロイトの発見を一つの言葉であらわさねばならぬとしたら、それは異論の余地なく無意識という言葉であろう」（ラプランシュ・ポンタリス、村上仁監訳『精神分析用語辞典』みすず書房）ということになるが、これまで見てきたように、それは正確ではない。「十九世紀が終わるまでには無意識という問題は、いくつもの観点からアプローチされていた。要約するとおよそ一九〇〇年までには、無意識の活動に異なった面が四つあることが証明されていた。すなわち、保存的、分離的、創造的、そして神話産出的の各面である」とエレンベルガーは述べている（『無意識の発見』）。ここで、「保存的機能」とは「大量の記憶を記録すること」、「分離的機能」とは習性のように「一時期は意識的であったものがその後自動的になった心的現象」や後催眠暗示のような「人格の分離された部分」のことであり、

「神話産出機能」とは「物語や神話の創造に恒常的に関与している」働きを言う（同右）。こうして、すでに一八九五年頃には「心をかきみだすような心理的傾向は無意識の中に封じ込められるものだという仮説は言うまでもないこととされた」らしい（同右）。そして、その豊かな結実として、後に「偉大な年」と呼ばれる一九〇〇年丁度にフロイトの『夢解釈』がこの世に現われることになる。

このように、精神分析学的立場に拠らなくても、そして「無意識」という言葉を使用するかどうかはともかくとしても、古くから呪術、悪魔祓いなどの原始的な治療においても「無意識を実地に治療に活用すること」（エレンベルガー）が行なわれてきたように、また古来日本語においても「魔が差す」とか「腹の虫がおさまらない」「虫が好かない」などの表現があるように、人間の「こころ・からだ」の内部には本人自身も分からないような、本人自身にもどうにもできないような「働き」や「領域」があることは、ほとんど自明なこととして考えられてきた。

上田紀行は、スリランカの「悪魔祓い」を文化人類学的に考察する中で、「悪魔祓い」と現代の「イメージ療法」を比較、検討して、「悪魔祓いは実に周到に仕組まれたイメージ療法だといえる。あまりにも巧妙に構成されているので怖いくらいだ。しかし、我々の祖先は長い長い年月をかけて試行錯誤を繰り返し、洞察を深めながら体の深層に存在する「もうひとりの自分」そしてその「隠された力」を呼び起こす術を完成させてきたのである。／悪魔は存在するだろうか？　悪魔は存在する。けれどそれは他の物体と同じように存在するというわけではない。悪魔はイメージとして存在しているのだ。そして、そのイメージが身体化されたときに悪魔は生身の悪魔として姿を現わすのだ」と述べている（『スリランカの悪魔祓い――イメージと癒しのコスモロジー』徳間書店）。まさに「もうひとりの自分」やその「隠された力」である「無意識」を「実地に活用すること」は、ずっと昔から人々の間でさまざまな儀式や信仰の形をとって実践されてきたのであろう。亡妻の幽霊に出会って、その後久しく煩った福二は、お祓いなどを受けたのであろうか。

そして、臨床心理士は、呪術、悪魔祓い、告解、儀式、参籠などの原始治療（原始心理療法）に代わるものとして、それらを臨床心理学的に慎重に点検し、退けるべきところは退け、受け継ぐべきところは受け継いで、クライエントの「こころ・からだ」の内にはクライエント本人も分からないような（「無意識」と呼ばれる）働きや存在があることを重要な仮説にして、クライエントを理解し、その手助けに努めようとする。「無意識」というものの働きや存在を仮説的に考えることも、どのような臨床心理学的な立場に拠ろうが、「臨床心理士の仕事の方法」なのであろう（ただし、「無意識」を仮説的に考えて「こころ・からだ」を理解することと、具体的な手助けに「無意識」を活用することとは、別の問題であり、あえて「無意識」には関与しない手助けも当然ありえよう）。

五　言葉とイメージ

ガミーが、「発生的了解」の三つ組みの一つとして「言語的表現」と共に「非言語的表現」にも触れているように（『現代精神医学のゆくえ』）、発生的に了解するためには、すなわちクライエントの「こころ・からだ」を共感的に理解するためには、「言語表現（言葉）」だけでなく、クライエントが表わす「非言語的表現」、ことに「イメージ表現」は、非常に重要な素材となる。

中井久夫は、風景構成法や絵画療法の取材を受ける中で、「ソーシャル・ポエトリーといって、絵を描いていると、たとえば、この鳥は羽をあたためていますね、といったメタファーが現れます。普通の会話ではメタファーはない。絵画は言語を助ける添え木のようなものなんですね。言語は因果律を秘めているでしょう。絵にはそれがないんです。だから治療に威圧感がない。絵が治療しているというよりも、因果律のないものを語ることがかなりいいと私は思っています」と語っている（最相葉月『セラピスト』新潮社）。ここでも、言葉を通した「因果的説明」に偏向することによって、「主観的経験」や「意味の創造」が疎外され、治療を妨げるものになってしまうことが示唆されている。しかし、河合が「イメージを簡単に何らかの概念や、特定の人物や事物などに置きかえるような「解釈」をすることなく、むしろ、そのイメージのもつ意味合いを味わうことが大切となる。イメージをイメージをもって語るような態度も必要である」などと再三注意を促しているにもかかわらず（「〈総論〉イメージと心理療法」河合隼雄編『心理療法とイメージ』講座心理療法第3巻、岩波書店）、最近の臨床心理士が実施する風景構成法、絵画療法、バウムテストなどを見ていると、中井自身が実際に行なった風景構成法に如実に示されているような（『セラピスト』）クライエントの主観的一人称的表現を味わい、共感し、その人にとっての意味を理解しようと努めるよりも、マニュアルに即した言語的解釈や因果的説明に偏っているように思われてならない。この点でも「発生的了解」の生き生きした復活、蘇生が望まれる。ヒルマン（Hillman, J）も「あるイメージにその意味を尋ねるとき、そのイメージを概念に翻訳しようとするとき、われわれは想像力に対する罪を犯すのだ。隅でとぐろを巻いている蛇を、私の恐怖に、私のセクシュアリティに、あるいは私の母親コンプレックスに翻訳すれば、われわれは必ずその蛇を殺すことになる。（中略）解釈は、みずからがイメージによって誘い出された空想であって、イメージそのもの以下に意味深いわけではないということを忘れる」と語っている（入江良平訳『魂の心理学』青土社）。

話を先取りしてしまったが、「言語表現」と「イメージ表現」、それに加えて身振り、態度、表情、雰囲気、遊び、運動、身体症状などの「身体実存表現」の三つは、本章のテーマである、「クライエント自身の体験とその表現を核にして」、クライエントの「こころ・からだ」を理解し、手助けするための、臨床心理士が所有する基本的な手段、手掛かりであろう。「言語表現」「イメージ表現」「身体実存表現」を通して、臨床心理士は、クライエントを重層的に理解することができる。臨床心理士と医師（精神科医）の職業的専門性における決定的な相違点は、臨床心理士はクライエントの生物学的肉体についてはまったく関与できないところにある。しかしそれだけに、臨床心理士は、クライエントの「こころ・からだ」を理解するために、クライエントが、「言葉」「イメージ」「身体」を通して重層的に語るものに対して、精神科医以上に、注意深く丁寧に耳を傾けなくてはならない。ことに「イメージ」の扱いについては、（その専門性故に言葉による因果的説明に囚われがちな）精神科医に比べて（中井久夫という圧倒的な存在があるにしても）臨床心理士の方がより得意とするところであろう。クライエントが表現するイメージの世界に深い関心を寄せることも、臨床心理士の大切な専門性である。ちなみに、中沢新一は、詩・音楽・絵画などの芸術表現やイメージ表現に示される、無時間的でものごとをくっきり分離してしまわない右脳的働きである「対称性の論理」と、とくに言語による、秩序に従って論理的合理的判断を可能にする左脳的働きである「非対称的論理」とのアンバランスを正して、「バイロジック」な学問の復権を主張している（『芸術人類学』みすず書房）。これは、医学、精神医学に対する（対抗文化としての）臨床心理学のポジションともなろう。

臨床現場でよく利用されるクライエントのイメージ（表現）としては、夢、絵画、箱庭、またもっぱら心理検査として使われているが、ロールシャッハ法、TAT（主題統覚検査）、風景構成法、バウムテスト、HTP法（家・樹木・人物絵画検査）などであろう。ロールシャッハ法に関してだが、エレンベルガー（エランベルジェ）は「（ロールシャッハ（Rorschach, H.）の主著である『精神診断学』が）一つのテスト法の使用法の本であるとみるほどひどいまちがいはない。（中略）この本は少なくともまったく新しい心理学概念に立脚した、人間観の壮大な粗（あら）描きである」と強調している（中井久夫編訳「ヘルマン・ロールシャッハの生涯と仕事（一八八四―一九二二）」『エランベルジェ著作集1――無意識のパイオニアと患者たち』みすず書房）。エレンベルガーの視点とは異なるものの、私自身もクライエントのロールシャッハ反応を機械的に記号化する以前に、そこで豊かに語られているクライエントのイメージをもう少し丁寧に汲み取るべきではないかと考えている

（「物語としてみたロールシャッハ法――内容分析によるシークエンス・アナリシス」人間環境大学附属臨床心理相談室紀要『臨床心理研究』1号）。先にも述べたように、ロールシャッハ法にしても風景構成法にしてもバウムテストにしても、そこで表現されているクライエントの豊かなイメージの意味合いが充分に味わわれることなく、（多くは創案者の創造的な意図を無視して）単なる機械的な心理検査へと貶めてしまってはいないだろうか。

医学、精神医学からの要請によって客観的な判断や結果を求められる心理検査はともかくとしても、面接や心理療法の場では、「イメージ」と「言葉」の特性をよく理解して、「言語表現」を補完し、補償するものとしての「イメージ表現」（加えて「身体実存表現」）の重要性をよく認識しておきたい。河合は、「イメージ」の特性として、「自律性・具象性・多義性・象徴性・創造性」の六つを挙げているが（『イメージの心理学』青土社）、それに対して「言葉」は、より一義的、限定的、記号的、現実的、意図的な傾向を持つ。そのため「言葉」にすると、明確になり、分かり易くなるが、しかし同時に、伝えたいものが限局され、そこから抜け落ちるものが多々出てきてしまう。感情なども、「好きだけど憎らしい」などほとんどは両価性（両義性）を含んでいるが、それをいざ「言葉」にしようとするとどうしても一義的、限定的なものになってしまう。それを救い、補うのも「イメージ」の重要な働きであろう。

先の取材において中井は、「因果律がないものを語るのがなぜいいのですか」という最相葉月の問いかけに対して「因果関係をつくってしまうのはフィクションであり、ときに妄想に近づきます」

と応じている（『セラピスト』）。因果関係を作ってしまうのは、まさに「言葉」の特性だが、これで私が思い出したのは、数年前に厚生省の元官僚夫妻を殺害したKの語った言葉と、それによる凝固した（妄想的確信的な）「物語」である。彼は、（あくまでもマスコミの情報に拠るが）「厚生省のトップが、私の大切にしていた犬を、殺したので、私は厚生省のトップを殺さなくてはならない」という単純な因果律的「物語」に支配されて、殺人を犯すことになる。この妄想確信的な「言葉」の中に封じられてしまっている「イメージ」をいかに救出することができるか。そしてそれによって、この妄想確信的な（浅い言葉と貧困なイメージによって語られている）凝固した「物語」を、できるだけ豊かなイメージと深い言葉によって語られる個性的な「物語」へといかに変容させられるかが、（もしも臨床心理士としてKにかかわるとしたら）臨床心理士の専門性として課せられているように思われる。すなわち、「厚生省のトップ」「私の大切にしていた犬」「殺した（殺された）」という、固定された「言葉」の中に閉じ込められてしまっている多義的な「イメージ」を、（K自身との対話を通して）いかに救い出すことができるのかが、われわれ臨床心理士に問われている。具体的には、「厚生省のトップ」という「言葉」の中には、それだけには決して一義的に限定されない「父（父なるもの）・母（母なるもの）・支配者・抑圧者・教師・神・悪魔・超自我・自身・治療者」などなどに重なる多義的、重層的、象徴的な「イメージ」が存在しよう。同様に、「私の大切にしていた犬」という「言葉」には、それだけには限定されない、「かけがえのないもの・無垢なるもの・子ども（こころ・時代）・自然・自由・自己」などに重なる「イメージ」が、また「殺された」

という「言葉」には、「奪われた・取り上げられた・盗まれた・押さえつけられた」などに重なる「イメージ」が複雑に重ねられていよう。こうした一義的に凝固した「言葉」に対して、臨床心理士との対話を通してクライエントの中にさまざまな「イメージ」が呼び起こされるとき、その凝固した「物語」も変化・変容を促される。全く観念的にだが、もしかするとKの語った妄想確信的な「物語」も、一義的な「言葉」が多義的な「イメージ」によって補われるとき、「私は、幼い頃からさまざまな父なるものの存在によって、私のかけがえのない子どもごころを奪われてきた。それを取り戻すためにも、私は、（マスコミの取材のどこかにあった記憶があるが）獣医師となって、傷ついた犬を助ける仕事に就こうと思う」というK独自の個性的な「物語」に姿を変える（変えていた）かもしれない。

「言葉」による表現だけでなく、クライエントは、ある場合は夢の報告であったり、ある場合はふと描く気（見せる気）になった絵であったり、昔からずっと心に残っている情景であったり、最近のほんのちょっとした出来事であったり、ときには、ロールシャッハ法の反応であったり、バウムテストでの表現であったりなどなど、さまざまな「イメージ」を通して、「言葉」だけでは伝えきれない「こころ・からだ」の生々しい様相を、臨床心理士に伝えてくる。臨床心理士は、クライエントの「言葉」に耳を傾けると共に、クライエントの「言葉」から排除されがちな「イメージ」にも関心を寄せ、またクライエントの内に閉じ込められている「イメージ」を救い出そうとする。逆にまた、過剰な「イメージ」に翻弄されているクライエントに対しては、「言葉」を付与することで、「イメージ」と「言葉」とをできるだけスプリットせずに、相互的、補完的な関係に置こうとする。こうして、「言葉」と「イメージ」（加えて「身体実存表現」）の相互作用を通して、臨床心理士は、多義的、重層的な「こころ・からだ」のあり様をできるだけ理解しようと努める。

第四章 「現前性・状況性・歴史性・関係性・個体性・希求性の総体的視点から」、クライエントの「こころ・からだ」を理解し、手助けする

一 クライエントを全人的、総体的に理解すること

「臨床心理学的に配慮されたアプローチ」の第四の原則を、「「現前性・状況性・歴史性・関係性・個体性・希求性の総体的視点から」、クライエントの「こころ・からだ」を理解し、手助けする」とした。臨床心理学的理解の全人的、総体的視点の問題である。

前章で紹介したヤスパースは、『精神病理学総論』（岩波書店）の冒頭において「精神医学の実践的業務はつねに個々の人間全体を取りあつかう」と語っている（内村祐之他訳）。黴の生えたような古びた言葉を持ち出してきたと思われたかもしれない。しかし、細分化され部分化された精神医学や臨床心理学の現況を考えるとき、「個々の人間全体を取りあつかう」といった言葉が、むしろとても新鮮な響きをもって聞こえてくる。

この原稿を書いている丁度今、届いたばかりの『週刊読書人』（株式会社読書人）が「人文科学は滅びるのか？」という特集を組んで島薗進・金森修・小松美彦の鼎談を載せている（二〇一四年三月十四日号）。その鼎談において、金森修は、「ここ二〇年ぐらいの傾向で、情報テクノロジーなどによる日常生活の激変から何が生じたのか。科学あるいは科学技術の成功に自分（人文科学）も倣いたい、人間そのものを研究する時にも、自然科学的な発想や分析装置を使って、自然科学の研究方法に近づけるような形にしたい。しかも人間全体にそれが適応可能だと考えてしまうという傾向。それを私は「自然主義」と呼びますが、そうした発想が人文科学の内部にも入り込みつつあるわけです。結果として非常に貧困な人間理解になってしまう。そこに危機を感じるんですね」（中略）「（自然主義的手法を取る場合暗黙の前提として）人間存在の全体は了解できないという判断が自覚されていなければならない。ところが自然主義は、人間という研究対象自体を研究手法に見合うような形に自己限定していくという傾向がある」と、現代の人文科学が自然科学的発想や方法を無批判に模倣する結果、人間の存在全体への視座を失い、貧困な人間理解へと陥ってしまっていると問題提起する。

それに呼応して小松美彦は、「私も、自然科学が把握している人間や生命の理解は人間や生命の総体の中のごく一側面に過ぎないということを、人文科学の側がもっと言うべきだと思いますね。遺伝子に関しての発見が続くと、もう太刀打ちできないと思ってしまう人がいるけれども、ＤＮＡが決定しているのはアミノ酸・たんぱく質の種類だけのはずです。すべてがＤＮＡで決まっているかのような幻想が振りまかれていますが、なぜ私達の身体がこういう姿になるのか、どうしてさまざまな蝶の模様ができるのかは諸説あり、決定的に明らかになったわけではない。人間や生命については自然科学とは別立てに考えることはできる。人文科学が自然科学に完全に寄り添ってしまうのではなく、いくらでも考えるべき領域と切り口は残っていると思います」と述べる。

そして島薗進は、こうした問題を巡って、人文科学と自然科学とが接する領域としての精神医学と臨床心理学をとくに取り上げ、「精神病理学というものは、一九八〇年代くらいまでは一定の力を持っていた。中井久夫、木村敏、宮本忠雄といった学者が影響力を持つ時代だった。しかし今は、そういう学者が大学医学部内で地位を得ることはできなくなってしまった。臨床心理学の領域でも河合隼雄のように、人間観を深めながら実存的な領域に踏み込んで考えていくタイプの診療が背景に沈んだ。薬物による治療とか認知行動療法が圧倒的に大きな位置を占めるようになったわけです。エヴィデンスが見えなければ論文は書けないし、健康保険の対象にもならないからです。結局のところ、ひたすらエヴィデンスを追究する。そういう傾向が人文科学の領域にも入ってきているんでしょうね」と語っている（前出）。

精神医学も臨床心理学も人文科学と自然科学の境界領域にある学問であるだけにいっそうのこと、この鼎談で金森らが危惧するような、あまりに自然科学的方法や発想に傾斜して人間を部分化して分析し、その存在の全体性への視野を失った貧困な人間理解に陥りがちなことを、重々注意しておかなくてはならない。ことに現場で一人一人のクライエントの生きた「こころ・からだ」に向かい合い続ける臨床心理士は、できる限りクライエントを部分化することなく、全人的、総体的に理解し、手助けすることに努めなくてはならないだろう。

鼎談において島薗が、中井久夫や河合隼雄の臨床的方法や影響力の衰退に触れていることに関連して、前章の最後の節で紹介した最相葉月『セラピスト』（新潮社）について、私としては少々気になる点があった。本章のテーマとも重なることでもあり、それについて取り上げておく。

作家でもあり臨床心理学を学んだこともある最相葉月は、心理療法の二人の巨星である（同書「帯広告」より）中井久夫と河合隼雄を取り上げ、中井には直接取材して、実際に中井自身から風景構成法を受けたり、反対に中井に実施したりして、また、河合については周辺の弟子たちに取材することで、心理療法というものや心の病の治療について、丁寧なノンフィクション作品に仕上げている。先の鼎談での問題提起にもあるように、臨床心理学や臨床心理士の仕事の方法に対する危機感もあって、この本を期待して読み、また我が意を得たりという部分も多かったのだが、しかし、終わり近く第八章「悩めない病」において、現代社会における心の病とその心理療法の問題になったところで、期待があっただけに、少々がっかりさせられることになった。ここで最相は、ある臨床心理士に取材する中で、現代の学生相談の場において、「悩めない」学生が増加しており、「（それらの学生は）内面を言葉にする力が十分に育っていないために大学に適応できず、対人関係にも支障をきたし、いきなり、自傷、過食嘔吐、過呼吸、過敏性腸炎、つきまとい、ひきこもりなどの行動化、身体化に至ってしまう」と述べている（前出）。学生に限らず、現代の精神科クリニックなどの現場で出会うクライエントの多くが、このような特徴を有していることは、臨床心理士であれば誰もが認めるであろう。ただ、この言葉に継いで、「手首を切っても、なぜ切ったのか、どんな気持ちで切ったのか、切ることで何が得られるのか、あるいは失われるのか、などを尋ねても答えられない。気づいたら、切っていたのであって、そこには何の反省も後悔もない」と最相は断定的に言うと共に、時代もクライエントも大きく変わってきたから、中井や河合が取り組んだ丁寧な心理療法はできなくなっていくのではないか、という方向に論調が移っていく。これには正直なところがっかりしてしまった。これでは、この時代において改めて中井久夫や河合隼雄を取り上げたこの書の重要な意味が、半減してしまうのではないか。それどころか、丁寧な心理療法に対する批判や誤解を煽ることにもなりかねない。そもそも中井が長年にわたって悪戦苦闘して取り組んできたのが、「悩めないクライエント」どころか、当時においては今以上に、「反省がない・後悔がない・病識がない・関係が持てない・疎通性が取れない・心理療法はできない・治らない」などとさんざんに言われ続けてきた「統合失調症」のクライエントではなかったのか。そうした「統合失調症」のクライエントに対して、「何の反省も後悔もない」などという極めて乱暴な決めつけを決してすることなく、決してさじを投げることなく、それこそそっと産毛に触れるような繊細な心理療法を丹念に積み重ねてきたのが、中井ではなかったのか。そして、それこそが、このような時代であるからこそ、もう一度改めて、中井久夫から、また河合隼雄から、われわれ臨床心理士が真摯に学ぶべきことではないのだろうか。「内面を言葉にできず、イメージの世界に遊ぶ力が低下しているクライエントが増えている」（前出）ことは確かにしても、しかし、それだけになおさら、心理療法の役割が、そして中井久夫や河合隼雄の蘇生、再生が必要なのではないかと、私は強く思う。

「内面を言葉にできず、イメージの世界に遊ぶ力が低下している」ことは、決してクライエント側の問題だけでなく、そのようにクライエントを断じてしまうことに窺えるような、「内面を言葉にできず、イメージの世界に遊ぶ力が低下している」臨床心理士側の貧困さを、むしろ露わにしているように思われてならない。ほぼ半世紀に及ぶ私自身の心理臨床経験からしても、確かに、「統合失調症の症状は軽症化している」「壮大な誇大妄想を訴える統合失調症者は減っている」「はっきりと神経症と言えるクライエントは少なくなっている」「神経症水準と精神病水準の境界的中間的クライエントが増えている」「情緒的体験や言葉を深めることが難しく機械的な判断に頼る発達障害的クライエントが増えている」などの傾向は明らかにあろう。しかし、それらに対して、「時代が変わった」「クライエントが変わった」を安易な言い訳にして、自分の無力感を、そしてそれとは裏腹の万能感を、防衛してはいないだろうか。あるいは、言葉やイメージに対する臨床心理士側の貧困さを、安易な心理的指導や教育によって覆い隠してはいないだろうか。

こうした時代による変化やクライエントの変化がどうして生じてくるのかは、文化的、時代的問題として丁寧かつ慎重に考える必要はあるにしても（時代や文化環境というものがこれほどまでに人間の「こころ・からだ」に対して影響を与えるものだとしたら、むしろそこに、逆に心理療法の可能性を見ることができるのではないのか）、一人一人のクライエントこそをその対象としようとする臨床心理士としては、まず何よりも、目の前のクライエントについて、どうしてそのように、内面が言葉にできにくいのか、イメージの世界で遊ぶことが難しいのか、反省が生じにくいのか、言葉よりも身体で表現せざるを得ないのかなどを、クライエントの言葉とイメージと身体を通して表現されてくるものに対して、誰よりも耳を澄ませ、全人的に理解しようと努めなくてはならない。そして、本章がテーマとする「現前性・状況性・歴史性・関係性・個体性・希求性の総体的視点」は、そうしたクライエントを理解するために不可欠な臨床心理士の見方・考え方ということになる。次節において、まさに「何の反省も後悔もない」人間の代表のように見られている「宅間守」を取り上げて、「臨床心理士の仕事の方法」としての総体的視点について考えてみる。

二 「宅間守の精神鑑定書」を巡って

本章のテーマである「「現前性・状況性・歴史性・関係性・個体性・希求性の総体的視点から」、クライエントの「こころ・からだ」を理解し、手助けする」については、次節において具体的に説明することにして、その前に、岡江晃『宅間守精神鑑定書――精神医療と刑事司法のはざまで』（亜紀書房）を取り上げて、精神科医と臨床心理士とのクライエント理解の相違点について見ておきたい。もちろん、この『鑑定書』が精神科医の標準的なクライエント理解のモデルと考えているわけではないし、司法精神鑑定という特殊な状況でのクライエント理解（診断）ということは承知している。しかし、『精神鑑定書』として詳細な報告書が作成され、しかもそのほぼ全文が一冊の本として公にされており、社会的にも非常に問題になったケースでもあるので、精神医学的方法を問題にするというよりも、本書がテーマとする「臨床心理士の仕事の方法」を明確にするために取り上げておく。

宅間守は、二〇〇一年六月八日、大阪教育大学付属池田小学校に侵入し、出刃包丁によって、児童八人を刺殺し、二〇〇三年に死刑判決が確定し、二〇〇四年九月、（直ちに死刑を執行するように本人が執拗に要求したこともあってか）極めて異例の早さで死刑が執行されている。

これは極めて特殊な例ではあるが、このようなクライエントがわれわれ臨床心理士の前にクライエントとして現われたとき、臨床心理士はどのような方法で、このクライエントを理解したらよいであろうか。そして、その一つが「現前性・状況性・歴史性・関係性・個体性・希求性の総体的視点から」であり、また前章のテーマである「クライエント自身の体験とその表現を核にして」である。とくにこの二つの観点から、『宅間守精神鑑定書』を見ておきたい。この観点から『宅間守精神鑑定書』を読んでみると、「精神鑑定」という制約はあるにしても、何よりも気になったのは、宅間が置かれてきた「歴史性」「関係性」への視点と、それを彼自身がどのように体験してきたのかという点に対してである。以下、それについて見てみることにする。

『宅間守精神鑑定書』によれば、彼の幼少期について、父親は、「いたずらが多いとか、はたのいうことを聴かないとか」と述べている。また親族の○○（公刊書では伏せ字）は、「二、三歳のころでも、好奇心が強く、すぐに走っていく」「小さいころから飽き性、落ち着きがなかった」「二、三歳のころ、買い物に連れて行っても、すぐにいなくなった。手を引かれて歩くのが嫌だった。祖母は、この子を連れて歩くのはかなわん、ちょっと眼を離したらどっかにいってしまう、と言っていた」「五、六歳と大きくなるに従って、自分がこうと思うと人に従わない、頑固な気性が強くなってきた。父に似ている頑固さ」「時たま買い物に行ったとき、無茶苦茶ねだることがあった。言いだしたら聞かない。横っ面を叩かんと分からんくらい」「プイとおらんようになって町内放送で放送してもらったこともある」「何回も大騒ぎした。探し回った。そしたら警察に保護されてたりであった。人が大騒ぎするから止めとこかというのは全くなかった」「五、六歳のころ映画館からフラーといなくなった。そのあと車に当たってもケローとしてた。突然祖母宅に『バスに乗って来た』とやってきたこともあった。したいなと思うとすぐに行動に移すところがあった」「五歳のころ一時期母親の実家に預けていたころに、三輪車で××まで行ったことがあった。三輪車で道の真ん中を行って、車が数珠繋ぎになっていたらしい。このことで母親の実家はようみんとなって祖母宅に戻ってきた」「四、五歳のころ、買い物のときに店の人がチンチン持ってきたかと言われたら、平気でオチンチンを出してみせたことがあった」などと語っている（『鑑定書』三八～四〇頁）。鑑定人は、「幼少時については、親族の○○が鑑定人に語った内容は相当重要な資料が含まれていると考えられる」と述べているが、ただこの親族○○が宅間本人とどのような関係にある人なのかや、宅間に対してどのような感情を抱いていたかは明らかにされていない。親族○○の口ぶりには、「とにかく小さいころからまったく落ち着きのない、何をしでかすか分からない困った子どもだった」という様子が窺われて、この人の証言だけを重要な資料とすることには疑問が残ろう。

自分の幼少期について、宅間自身は、「幼稚園入学前の「五歳ぐらいの時に」、男の子に「ごっつい石を至近距離から」「顔をめがけて」「パッーと投げて、怪我させた」。「逃げ帰った」が、「すぐに親が怒鳴り込んできた」。「幼稚園行くまでの時分、線路の石置きはたまにやった」。四、五歳のころの一人で映画館を抜け出しての交通事故は、「道路、急に横切って、で、乗用車にはねられた」。／「幼稚園のとき」、「○○いう」「かわいい女の子」に、「唾いっぱい」「べちゃっとここに（顔を示す）塗っ」たことを「覚えている」。今から考えると、「普通はやらない」をやっていた。「幼稚園のときペタッと唾かけた女の子は、かなり、今も顔を殆ど克明に浮かぶ」」と陳述している（『鑑定書』に記載された小学校以前の幼少期についての宅間自身の陳述はこれで全てである『鑑定書』一三一頁）。

そして、第五章「診断」の第一節「精神医学的考察」において「1 発達と人格」の「発達の視点から」として、鑑定人は、「宅間守の親類が鑑定人に語った内容と宅間守が述べることから考えると、幼少期から相当に特異な行動をとる子どもであった。／二、三歳ころから五、六歳までに、まず過度の落ち着きなさがあった。繰り返し迷子になり警察に保護されたり、道路の真ん中を三輪車で走ったり、映画館から一人で抜け出し渋滞の道路を横切るなど向こう見ずで無鉄砲な行動があった。泣くまで男の子の腹に乗った、石を顔めがけて投げた。女の子に唾をぬったなどのいじめ的な行動もあった。人前で性器を出すといった羞恥心のなさもあった。結局、同年代の子どもたちから孤立していった。大人の心配する気持ちは無視していたようであった。手先は不器用であったらしい。／つまり、他動、不注意、無鉄砲、抑制欠如、仲間からの孤立などがあった。そして年齢相応に相手の気持ちを理解する能力に問題があるのではないかという疑いが拭えない」と結論づけている。

これらの考察を通して、最終的には、「鑑定主文」として、「一 被告人宅間守には、いずれにも分類できない特異な心理的発達障害があったと考えられる。この延長線上に青年期以降の人格がある。／人格障害の診断は、クルト・シュナイダーのいうところの情性欠如者である。空想癖や虚言癖があり、共感性はなく、自己中心性、攻撃性、衝動性は顕著であるが、一方で穿鑿癖、猜疑心、視線や音への過敏さ、そして権力への強い憧れと劣等感などの人格あるいは性格の傾向も併せ持っている。／精神障害の診断は、穿鑿癖・強迫思考、そして猜疑心、視線や音への過敏さなどを基盤に、一過性の妄想反応としての注察妄想と被害妄想、持続性の妄想反応としての嫉妬妄想がある。反応性うつ状態、反応性躁状態を呈したこともある。／前頭葉機能に何らかの障害がある可能性を示唆する所見はある。人格や精神症状との関連については今後の精神医学的研究に期待したい。／そして、知能は正常知能の下位である」（二以下は略）とされた（岡江晃『宅間守精神鑑定書』亜紀書房）。

いろいろ疑問は残るものの、もちろんここでは、精神鑑定や精神医学的考察を問題にしようとしているわけではない。この『精神鑑定書』を一つの例にして、「臨床心理士の仕事の方法」の専門性と独自性とを考えておきたい。とくにそれを宅間守の幼少期から青年期の問題に焦点を当てて見てみようとするのは、精神科医に比較すれば、臨床心理士は、発達心理学や乳幼児心理学を学ぶことも必須的条件であり、乳幼児期から青年期の「こころ・からだ」の状態やその発達についてより丁寧に点検、解明することも、（たとえ精神分析学的アプローチを取らないにしても）臨床心理士の重要な職業的専門性であり、独自性であると考えていることに拠る。そうした点からこの『精神鑑定書』による宅間守の幼少期の理解を見てみると、乳児期を含めた幼少期において宅間が、どのような「状況性」「歴史性」「関係性」の中を生きてきたのかという視点が、あまりに欠落しているように思われてならない。そもそもこの大部な『精神鑑定書』において、乳幼児期以来の宅間守と父親、母親との関係（関係性）を示唆する記載部分が非常に少ない。調べた限りでは次の部分だけであった。『鑑定書』に記載されているその全ての部分を、年代順に並べ替えて羅列して挙げる。

《（父親について）宅間守は、かんしゃく持ち、自己中心的、短気、頑固であり、怒られたり殴られたりしたので大嫌いだ、という。（『鑑定書』三三頁）》

《母宅間○○は昭和五年生まれ。実家は比較的富裕な農家であった。家事、育児は不得意であったらしい。昭和五十年頃（注：宅間守は昭和三十八年（一九六三年）生まれ）まで働いていた。一時期、父と別居したこともあった。老人痴呆となり、平成十二年一月から老人ホームに入所している。母について、宅間守は、大人に成り切っていない、感情で動く、勘だけで生きている、などという。（『鑑定書』三四頁）》

《小学校の「低学年」から、家の金を「しょっちゅう」取っていた。「しょっちゅういうて」も、「一ヵ月に一回」くらいだった。「母親」の財布から「百円とか千円」、「一万円の時もあった」。「共稼ぎ」で「丼勘定やった」から「バレへん」かった。「ゲーム代」や「飲み食い」に使った。（本人自身の陳述より『鑑定書』一三四頁）》

《（中学時代）「親父が厳しかったから、とことん悪になられへん」し、「半端なことしかようせんやった」。父親が厳しくなかったら「もっと無茶苦茶やっとったと思う」。（本人自身の陳述より『鑑定書』一三五頁）》

《両親のことであるが、心配を今まで非常に掛けて来たと思っています。最近では、一ヵ月近い家出が、一番の心配の種だったでは、ないであろうか。これからは、心配を掛けずに行きたいと思っている。……お母さん……家の中では一番弱い立場なのだから、いたわるぐらいの心構えで接してやらねばならないと思う。……親に暴力をふるう事です。今までの僕は、お母さんにそのような行動をたまにとって来た。……この世の中で一番好きな人は、おばあさんだ。そのおばあさんにお茶立ち（ママ）をさせるまで心配さした事は、これからの行動でしか返しようがないが、それが一番のおばあさんの喜びだと思う。これからは、絶対に家族や先生、親せきの人、おばあさんに心配をかけないように努めたいと思います。（高校二年の頃の「反省文」より『鑑定書』一四一～一四二頁）》

《僕は極端な被害妄想者です。（中略）他人はどう思っただろうかといろいろ考えたくもないのに考える。（中略）たとえば、お母さんに親孝行しようと思って何かをしたとすると、親はどう思っているだろうか、気持ちが通じただろうか、悪いように思われてないだろうか、いやになるほどだ。生きていても仕方ない。死にたい。（中略）先生僕を助けてください。（高校二年時頃に自ら外来を受診したT

病院診療録に残された本人自身の「手記」より『鑑定書』一七三〜一七四頁)》
《(母より)昭和五十六年頃(十七歳時)〜母に対して被毒妄想(T病院診療録より『鑑定書』九五頁)》
《(時期は書かれていないが)母や自分の身近な人によって食べ物に毒が混ぜられているような気がしたことがあった。母を罵倒した後に、チラッと毒が混ぜられるんじゃないかと考えた(本人自身の陳述より『鑑定書』三四二頁)》

そして、宅間守は、昭和五十九年十一月(二十一歳時)に、強姦事件を起こし、「右翼と警察から逃れる」ために、自らT病院に入院するが、入院中、五階から飛び降りて重傷を負い、整形外科病院入院、H医科大学病院口腔外科入院等を経て、逮捕され、奈良少年刑務所に収監されている(昭和六十一年七月〜平成元年三月)。

《(T病院の五階から飛び降りたのは)「母親と示し合わせて入った」のに、「母親が寝返って」、すぐに退院できなかった。母に「どんどん謝りまくった」。「もうちょっと待ってとか言わ」れた。「こっちの身にしたら一分でも早く出たい。」、「全然分かってくれへん」「母親の胸先でずっとおらされるようなことになる」などと思った。(本人自身の陳述より『鑑定書』一四三頁)》
《母に対して乱暴あり。(T病院診療録より『鑑定書』九四頁)》
《ナース聞いていないのに、一人でとめどもなく話している。話の内容：自殺に追いやったのはおやじだ。関学にいけなかったのもおやじのせいだ。精神分裂になったのも皆んな、おやじとおふくろのせいだ。（H医科大学病院診療録より『鑑定書』一〇二頁）》

《（父親によれば）T病院入院中に飛び降りて怪我をしたのは、「大きな原因は母親にあるんやと、だから一生面倒を見てもらう……賠償金寄越せと……毎晩毎晩母親を責めよった」。母がげっそり痩せてきたので、家を出ていかせた。（証人尋問より『鑑定書』五〇頁）》

《（父親によれば）「母親に陰湿なやり口で、自分の生活保障を求めていたことが分かったから」、昭和六十年の夏に「守を家から追い出し」た。（調書より『鑑定書』四九～五〇頁）》

この後、奈良少年刑務所に収監され、収監中に宅間守は父親、母親宛にそれぞれ二通の手紙を出している。

《（T病院で飛び降りて怪我したのは）私が、大怪我して死にかけたのは、あんた（母親）の責任である……警察から逃れる目的で入院したのに、その事を一向に病院に退院理由として言っていない……他あらゆる関係証拠において、完全に確実に、誰がどう言おうと、すべてあなたの責任で、ある……今までの報復と懲罰的、気持ちにかられて、意図的に、苦しめてやろうと思い、ひたすら、入院を継続させていたのである。あんたは……己れは……××病院（整形外科）において、このまま殺そうか、どうか、相談していたのを俺は知っている……後、十五年生きるかどうか知らんが、絶対に絶対に、何一つ、喜び、楽しさは、ないものと思ってくれ。人が、本当に苦しんでいるときに、あほげに扱うとこうなるのである。（中略）毎晩、己をガッチンガッチンに殴っている夢を見る。顔が砕けて、歯が全部、取れている顔が夢に出る。それぐらい憎んでいるので、ある。（後略）（奈良少年刑務所から母親宛の手紙より『鑑定書』一四五～一四六頁）》

《（前略）僕は、不愉快を与えるのが少し楽しく感じ、偏執的なところがあり、今後、人並みな恋愛だの、人並みな人間交際はできないと思う……僕がやるから恐喝となり、僕がやるから傷害となり、僕がやるから強姦になるのだと思う。だから、僕は大人しく孤独でいた方がいいと思う……平たく言えば、思いやりが一カケラもないのだと思う……平たく言えば性格異常ですが、全て自覚して、御迷惑は一切お掛けしませんので、一日も早く引き受けをしていただいて、社会に出たいです……屈折している所、一本抜けている所、不安定な部分、精神病者と境界線にいる所等、全て自覚しております……やはり、お父さん、刑務所へ来て辛い思いをしても性格は改まらないです。だけど家族には悪かったと思っています……（中略）とにかく、何でもいいから助けてください……（奈良少年刑務所より父親宛の手紙より『鑑定書』一四八～一四九頁）》

《（少年刑務所出所直後の）平成元年三月二十四日両親を相手に親子関係円満調整の調停を申し立てた。宅間守は、「人権擁護委員会に行ったら、そういう手があると教えてくれた」という。この調停はすぐに終了し、何も得られなかった。『鑑定書』五〇頁》

二十五歳時のこの件以降、家族とはほとんど絶縁状態にあったのか、『鑑定書』に現われる宅間守と両親との関係を示す資料は、事件（六月八日）直前（半月前）に三十八歳になった宅間が友人にかけた電話の内容だけである。

《T男〈市バス運転手時代の同僚〉は、本件犯行の直前について、次のように述べている。「平成十三年五月二十四日」に電話で「宅間は母に会いたいので代わりに電話してくれ、あえる段取りを組んでくれと言ってきた」ので、「承知して」「五月二十七日の昼前後に……宅間の実家に電話……父親は、きつい口調で、あんな奴、おらへんほうがいいのや、死んだらええのや、おばはん（母親）は老人ホームに入っとるわと取り繕う暇もないくらいの口調で話してきました」。（調書より『鑑定書』二二〇頁）》

《父は、証人尋問で、本件犯行直前に宅間守の友人の男性から「お母さんは」という電話があったが、「多分、金の無心やろうなという予感し……早よ死ね言うてくれとか……墓場ちゃんと作ってあるぞとか言うた」、宅間守からも「まず開口一番、飯食われへんねん……いかにも気落ちしたような、落胆したような……陰気くさい声で」電話があったが、「芝居しとるな」と感じた。直接は、首くくって死ねとかは言っていない、と述べている。（『鑑定書』二一七頁）》

『鑑定書』からの引用が長くなってしまったが、とくに宅間守の幼少期に対する「状況性」「歴史性」「関係性」の視点が欠けていることを示すために、あえて関連する部分を全て抜き出してみた。

とくに二つの点を指摘しておきたい。一つは、『鑑定書』が強調している幼少期からの「多動・不注意・無鉄砲・抑制欠如・孤立・羞恥心のなさ・共感性のなさ」の点であり、もう一つは、「母親もしくは重要な他者との関係性や愛着」の問題である。

第一の点については、この理由に基づいて、鑑定人は宅間守に対して「特異な心理的発達障害」の診断を下している。しかし、この診断の当否を問題にする以前に、最近の臨床心理士にも危惧されることだが、その背後の状況や環境の問題を丁寧に調べることなく、表面的な問題行動だけを取り上げて、不用意に「発達障害」とか「注意欠陥多動性障害」などと決めつけてしまっていることについては、大きな疑問を持つ。少なくともそれは「臨床心理士の仕事の方法」ではない。具体的に宅間守に関して言えば、親類〇〇の証言だけを頼りに「小さい頃からとにかく衝動的な子どもだった」と断定されているが、幼少期の宅間守がどのような環境や状況に置かれていたかの視点が、まるでない。例えば、「五歳の頃母親の実家に預けられていたとき、一人で三輪車で出て行ってしまい、道の真ん中を走っていて大騒ぎになったこと」にしても、その時の幼い宅間守がどのような状況の中でどのような心情でいたのか、そしてその状況の中でどこに行こうとしたのか、何を求めていたのかという視点がほとんどまったく見られない。当時の状況や環境からの影響がまるで無視されて、全てが宅間守の特異な傾向に押しつけられてしまっている。

第二には、第一の点と重なってくる問題だが、『鑑定書』から推測するに、幼少期において宅間守は、一時母親の実家に預けられたりなど、母親もしくはそれに代わる人物との間に、それなりの

（ほどほどの）養育や愛着関係を体験してこなかったのではないかと思われる。その点を解明しておかないと、「幼稚園の時にかわいい女の子にペチャッと唾を塗った」ことや、「小学校低学年の頃から母親の財布からしょっちゅう金を盗った」ことなどについても、単に衝動性の問題なのか、肉親の愛情に対する飢餓感や羨望、嫉妬心などが絡んだ心理的問題なのかが、判断できなくなる。同様に、小学校時代から始まる宅間守の性的関心や性的行為についても、『鑑定書』は全て無軌道で異常な性衝動として理解しているようだが、肉親の愛情への願望が投影された複雑な心理的問題が重なっているのではないのか。少なくとも二十四、五歳頃までの宅間守は、「高校時の反省文」「高校時のT病院外来で示した手記」「母に対する被毒妄想？」「少年刑務所からの手紙」「少年刑務所出所直後の親子関係円満調整の調停申し立て」などに垣間見られるように、とくに母親に対する非常に激しい怒り、恨み、それと裏腹の（「情性欠如者」とは思えない）母の顔色を窺い、見捨てられ、抹殺されるのではないかという強い不安、そして暖かい関係や愛情への希求などの入り交じった非常に複雑な感情を抱えて生きていたのではないのか。再掲するが、宅間守が十七歳の頃T病院を自ら受診した際に残した手記、《僕は極端な被害妄想者です。（中略）他人はどう思っただろうかといろいろ考えたくもないのに考える。（中略）たとえば、お母さんに親孝行しようと思って何かをしたとすると、親はどう思っているだろうか、気持ちが通じただろうか、悪いように思われてないだろうか、いやになるほどだ。生きていても仕方ない。死にたい。（中略）先生僕を助けてください》には、必死に救いを求める宅間守の生身の声が聞こえてくる。この声に精神科医も臨床心理士も応じることができなかった。

そして、宅間守は、犯行半月前に「母親に会える段取りを組んでくれるよう」に友人に頼んで実家に電話してもらっている。この件に関して『鑑定書』は何も触れていないが、父親の「あんな奴死んだらええのだ」という返答は、母親との関係の修復が一切断ち切られて（それは同時にこの世に存在することの精神的根拠の喪失となって）、宅間守をあのような悲惨な犯行へと向かわせる大きな要因になったのではないのだろうか。

精神鑑定や精神科医に対する批判というよりも、クライエントの「こころ・からだ」を総体的に理解しようとする「臨床心理士の仕事の方法」を示すために、岡江晃『宅間守精神鑑定書』（亜紀書房）を取り上げて考えてみた。

三　クライエントの「こころ・からだ」の理解のための総体的視点

クライエントの「こころ・からだ」を理解するためには、「現前性」「状況性」「歴史性」「関係性」「個体性」「希求性」の総体的視点から丁寧に考える必要がある。それぞれについて、拙著『私説・臨床心理学の方法』から引用して簡潔に説明しておく。

1 今ここに在るままの「こころ・からだ」を理解する（現前性）

まず最初に挙げる「現前性」とは、今、ここに現われたクライエントの「こころ・からだ」を、できるだけ先入観を捨てて、ありのままの姿で理解しようとする視点である。

そのためには、何よりもクライエントが語ることばに深く耳を傾けなくてはならない。深刻な悩みを重い口調で訴える人、なかなかことばが出てこなくて長い沈黙が続く人、自分の苦しみを次から次へと喋り続ける人、ほとんど理解できないことばを独りで呟き続ける人、さまざまなクライエントが、臨床心理士の目の前に現われる。そのさまざまな人がさまざまに発し、訴えることばに、できる限り丁寧に、耳を傾ける。そしてことばだけでなく、クライエントが発するいろいろなサイン、例えば微妙な表情、身振り、体つき、服装、雰囲気など、クライエントの全身が語りかけ、訴えてくるものに対して、耳を澄ます。専門家として理論を学び、経験を積めば積むほど、かえって、理論や経験に照らし合わせて、「この人はうつ病だろう。まず薬物療法だ」とか「この子どもは発達障害だから、こう援助すべきだ」などと、早急に判断を下してしまいがちである。しかも、自分の得意な分野になればなるほど、その判断は素早く強くなって、確信的な思い込みになってしまう。できるだけ理論を学び、経験を積むことは、臨床心理士として不可欠な訓練だが、しかし、クライエントと向かい合ったときは、理論や経験をいったん括弧にくくって、虚心に、その「こころ・からだ」が発する「声」に耳を傾け、耳を澄ませたいものである。

これがクライエントを、そしてその「こころ・からだ」を理解するために、何よりも必要な出発点であり、他の五つの視点の基礎となるべき「現前性」である。この「現前性」を疎かにしては、クライエントの「状況性」「歴史性」「関係性」「個体性」「希求性」について掘り下げて聞いたとしても、クライエントを本当に理解したことにならないし、そもそもクライエント自身が、理解されたという思いにはならないだろう。

2 状況の中での「こころ・からだ」を理解する（状況性）

クライエントが現わす「現前性」の理解を出発点として、その背後にある「こころ・からだ」について、クライエントとの間で確かめ、理解を深めていくのだが、そのための手がかりが、「状況性」「歴史性」「関係性」「個体性」「希求性」の視点となる。

「状況性」とは、今、ここに現われた「こころ・からだ」を、クライエントを取り巻く今現在の現実、環境、人間関係などを通して考える視点であり、「クライエントは、今、どのような状況、環境、人間関係の中で生きているのか、そしてそれは、今、ここに現われた「こころ・からだ」とどう関連しているのか」を問う視点である。

具体的には、例えば「うつ状態」を訴えるクライエントとしたら、その「うつ状態」の背後に、会社でどのような状況、人間関係があるのか、家庭の中でどのような状況、人間関係があるのか、あるいはその他の場でもどのような状況、人間関係が生じているのかについて、確認しておく必要がある。また、「不登校」の子どもにしても、家庭の中、学校の中、友だちとの間などで、どのような状況、人間関係、問題が生じているのか、確かめておく。

3 歴史を通しての「こころ・からだ」を理解する（歴史性）

「歴史性」とは、今、ここに現われた「こころ・からだ」を、クライエントの生まれて以来、現在に至るまでの、歴史（生活史）を通して考える視点であり、「クライエントは、生まれてからこれまで、どのように生きてきたのか、そしてそれは、今、ここに現われた「こころ・からだ」とどう関連しているのか」を問うこととなる。

先に挙げた「うつ状態」のクライエントであれば、クライエントがこれまでどのような人生を歩いてきたのか、具体的には、乳幼児期はどうだったのか、学童期はどうだったのか、思春期、青年期をどう過ごしたのか、それによってクライエントの「こころ・からだ」はどのような影響を受け、どのように形成され、そしてそれが、今問題になっている「うつ状態」とどう関連しているのかを見ていくことで、クライエントを理解しようとする視点である。同じことが「不登校」のクライエントにしても、「不登校」という状態、問題を生じさせた背後に、その子どもが生まれて以来これまでに至るまでの歴史が、いかに影響を及ぼし、関連しているかを見ていくことで、その「こころ・からだ」を理解しようとする。

そうしたクライエントの人生の歴史を通して、クライエントの「こころ・からだ」を理解しようとするのは、決して、クライエントの人生をのぞき見的に観察しようとしている訳でも、間違った人生として批判的に見ようとしている訳でもない。次の「関係性」と同様、そこにさまざまな手助けのためのヒントや修正すべきポイントを（クライエントと協力して）見つけることができるからである。例えば、幼少期の強い「見捨てられ不安」の体験によって、クライエントのさまざまな「こころ・からだ」の問題が生じていると理解し、見立てることができれば、臨床心理士との（心理療法的）関係において、（治療関係にしがみつこうとするなど）それが再現されたときの観察が容易になろうし、同時に（安定した治療関係を維持するなど）その修正の治療的戦略を立てることが可能になる。

4　対象関係のもとでの「こころ・からだ」を理解する（関係性）

「対象関係」という用語は、とくに精神分析学において、クライン（Klein, M.）やビオン（Bion, W.R.）らの「対象関係論」でのそれを指すことが多いが、ここでは、もう少し広義に、クライエントが乳幼児期から体験している両親を中心とするさまざまな人間関係の意味で使用する。

そうした対象関係のもとでの「こころ・からだ」を理解する「関係性」とは、前節の「歴史性」と重なり合う見方だが、今、ここに現われた「こころ・からだ」を、クライエントの生まれて以来、現在に至るまでの、とくに幼少期における対象関係を通して考える視点であり、「クライエントは、生まれてから現在に至るまで、ことに幼少期において、どのような親子関係、人間関係によって育てられてきたのか、クライエントはそれをどう体験しているのか、そしてそれは、今、ここに現われた「こころ・からだ」とどう関連しているのか」を問おうとする。しかも、対象関係という言葉を使用するように、客観的に見た親子関係、人間関係よりも、むしろ、クライエントが主観的に体験している関係性の方を重視する。

こうした「関係性」の視点は、具体的には、「うつ状態」のクライエントであれば、そのクライエントが、乳幼児期から学童期、思春期にかけて、どのような母親、父親（もしくはそれに代わる人）に、どのように育てられ、それをクライエント自身はどのように体験しているのか、それが今の「こころ・からだ」にどのような影響を及ぼしているのか、そして、それは心理療法関係の中でどのように現われ、どう臨床心理士との間で体験され、再現され、それをどのように修正していくのか、という理解、関心へと臨床心理士を向かわせる。それは「不登校」のクライエントでも、その他のクライエントでも同様である。

5 個体としての「こころ・からだ」を理解する（個体性）

「個体性」とは、今、ここに現われた「こころ・からだ」を、クライエント個人特有の生物的、身体的、病理的、人格的問題などを通して考える視点であり、「クライエントは、どのような個体的特性を有しているのか、そしてそれは、今、ここに現われた「こころ・からだ」とどう関連しているのか」を問う視点である。具体的に言えば、男性か女性か、子どもか青年か中年か老人か、知的能力や運動能力はどうなのか、身体的に健康か病弱か、どのような身体的、精神的障碍や問題を抱えているのか、内向性か外向性か（もしくはどのような性格か）、などということである。

これまで例に挙げている「うつ状態」であれば、男性なのか女性なのか、思春期、青年期の人なのか中年期、老年期の人なのか、その性格はもともと几帳面なのかそうでないのか（それはまた「歴史性」「関係性」の現われでもあるが）、精神医学的診断や病態水準としては何にあたるのかなどによって、臨床的には例えば、思春期の女子高生の「うつ状態」と、会社勤めの長い中年期の男性の「うつ状態」とでは、あるいは「神経症水準」の「うつ状態」と「境界例水準」の「うつ状態」とでは、理解の内容は相当に違ってくるし、当然、手助けの方法もかなり異なってくる。もちろん「不登校」にしても、年齢によって、知的に高いか低いかによって、内向性か外向性かによって、「発達障害」や「学習障害」などを抱えているか否かによって等々、その「こころ・からだ」に対する理解はそれぞれ変わってくるし、何よりも、手助けの方法も違ってくる。

ただし、医学的疾病はともかく、精神医学的疾病と病態水準を「個体性」の範疇で取り扱うことに、疑問を持たれた方がいるかもしれない。言うまでもなく、精神医学的疾病や病態水準の問題は、その人個人の生来的な問題だけではなく、「状況性」「歴史性」「関係性」などが大きく影響していることであり、決して閉ざされた個体の問題だけと考えている訳ではない。「うつ病」であれ「不登校」であれ「摂食障害」であれ「パニック障害」であれ「発達障害」であれ、そして、たとえ医学的生物学的要因が解明されている精神障碍であれ、また「精神病水準」「境界例水準」「神経症水準」などの病態水準にしても、これまで説明してきた「現前性」「状況性」「歴史性」「関係性」、そして次節で述べる「希求性」の視点から、多角的重層的に理解しなくては、(この視点を欠いた精神医学的見方だけでは)複雑極まるあるいは容易には客体化できない人間の「こころ・からだ」を、臨床心理学的には適切に把握できないし、臨床心理学的には適切な手助け方法も用意できないと、私は考えている。逆に言えば、医学や精神医学と異なる、そうした独自の方法論を持っているからこそ、末期の癌の方でも認知症の方でも、あるいは脳病理の問題として解明されている精神障碍の方でも、臨床心理学は、その「こころ・からだ」を理解しようと努めることができるし、それぞれの「こころ・からだ」への手助けの方法を、求め続けることができる。このことをあくまでも前提にしたうえで、病態水準を含めた精神医学的疾病の問題を、ここでは「個体性」の中で取り扱っておく。

6 探し求めている「こころ・からだ」を理解する(希求性)

「希求性」とは、今、ここに現われた「こころ・からだ」を、クライエントが人生で果たそうとしていること、将来実現させたいと願っている自分自身のあり方、あるいは超越的、宗教的関心などを通して考える視点であり、「クライエントは、何を求めているのか、何を探しているのか、どこに向かおうとしているのか、そしてそれは、今、ここに現われた「こころ・からだ」とどう関連しているのか」を問う視点である。

「希求性」は、例えば、「うつ状態」にしても「不登校」にしても、単に過去や現在の問題としてだけでなく、人生の目的や未来の問題として、すなわち、これまでの生き方の改変が迫られている、もっと違った自分になろうとしている、大きく変化、成長しようとしている、本来のあり方を求めているなどのプロセスの、過渡期的状態として理解しようとする視点である。言い換えれば、「クライエントは何故この状態（病気）になったのか」を問うのがフロイトの精神分析に代表される過去志向的探索であり、「歴史性」「関係性」の視点だが、逆に、未来志向的に「クライエントは何のためにこの状態（病気）になったのか」を問うのが、「希求性」の視点である。

どうしても私たちは、さまざまなクライエントの「こころ・からだ」の問題を、例に挙げている「うつ状態」や「不登校」にしてもそうだが、マイナスのこと、あってはならないこと、不幸なこと、取り去らなくてはならない問題や病気、失敗や挫折として見がちである。誰よりもクライエント自身がそう考えて、とても絶望的になっていることが多い。しかし、この「希求性」の視点は、人生の失敗や挫折や病気の発症などの、一見人生にとって大きなマイナスに思われるようなことも、決して単純にマイナスとだけ考えるべきではないことを、逆にもしかすると大きなプラスの意味が隠されているかもしれないことを、教えてくれる。それは、クライエントと臨床心理士の双方に、暗闇や絶望の中にも「光り」や「希望」を与えてくれることとなる。

以上の総体的視点を纏めて実際の面接場面に即して言えば、クライエントと向かい合う臨床心理士は、まず、その「こころ・からだ」のありのままの状態について、できるだけ先入観を捨てて、クライエントの語ることばに耳を傾けるであろう。同時にことばにはならないさまざまなイメージ表現や身体表現にも注意を向ける（「現前性」への視点）。そして、クライエントを取り巻く現在の状況にも注意を向け、クライエントの「こころ・からだ」が置かれている現在の状況、環境についても、尋ねるだろう（「状況性」への視点）。次には、クライエントの不安や疑問を丁寧に取り除きながら、クライエントが、生まれて以来これまで、どのような人生を生きてきたのかにも、クライエントの「こころ・からだ」がどのような歴史を背負って来たかにも、関心を向ける（「歴史性」への視点）。それと同時に、その歴史の中で、生まれて以来クライエントがどのような対象関係の中にあったかも、少しずつはっきりさせていくだろう（「関係性」への視点）。また、クライエント独自の「こころ・からだ」の性質、器質、障碍、病気についても確かめるだろう（個体性）。これらを、クライエントのことばだけに囚われずに、言外のイメージや身体表現にも注意を払いながら、丁寧に確かめる中で（言うまでもないことだが、その作業においても、もっとも必要なのは、クライエント自身とその人生に対する、配慮と労りである）、少しずつ、クライエントの「こころ・からだ」は一体どのようになることを求めているのか、どのような自分自身を希求しているのかも、見えてくるとよい（「希求性」への視点）（『私説・臨床心理学の方法』）。また、これらを、「客観的な事実」として追及するというよりも、前章のテーマである「クライエント自身の体験とその表現を核にして」、すなわち「主観的な真実」として明らかにしようとするのが、臨床心理士のポジションと考える。

四　総体的視点を「臨床心理士の仕事の方法」とすることに関して

総体的視点を「臨床心理士の仕事の方法」とすることに関して、とくに二つの点で注意を促しておきたい。

第一は、クライエントが示す「こころ・からだ」に対して、「現前性」「状況性」「歴史性」「関係性」「個体性」「希求性」の六つの視点から総体的に考えておく必要があるのだが、ただし、実際にクライエントに会って、時間をかけて話を聞いたとしても、あるいは長年月にわたって心理療法を行なったとしても、当然、そのすべてについて詳細に聞き取ったり、分かったりすることは不可能である。臨床心理士としての経験を積めば、中核的な問題に焦点を当てながら、この六つの視点にわたって聴取し、理解を深めることができるようになってはくるが、しかしそれにしても、聞き取れるのは、クライエントの「こころ・からだ」を成り立たせているものの一部分に過ぎないだろう。そこで大切なのは、すべてを強迫的に聞き取らなくてはならないということではなく、クライエントの「こころ・からだ」の理解において、まだ抜け落ちている部分があったり、はっきりと確かめられていない部分があるのを、臨床心理士がよく自覚していること、そのことの方である。例えば、「相当にこのクライエントの「こころ・からだ」が理解できるようになってきたが、しかし、「歴史性」「希求性」の部分はあまり把握できていないので、このクライエントの総体的理解という点では、充分ではないだろう」といったように、自分の理解に欠落している部分があるのを、臨床心理士が自覚できているかどうか、それがより大切になる（『私説・臨床心理学の方法』）。

第二には、これは実際の臨床的な問題になってくるが、クライエントを総体的に理解するのに、六つの視点が重要だが、しかし、手助けのためには（心理療法的には）触れない方がよい、あるいは触れるべきではないことがある。例えば、重い「うつ状態」のクライエントの場合、その方の幼少期における「歴史性」「関係性」に大きな問題があることが推測されても、しかし不用意にその点に触れ、問題を暴き出したりすると、「うつ状態」が悪化したり、最悪の場合には精神病的体験が顕在化してしまう。臨床心理学的に理解するうえでは必要だが、心理療法的には触れない方がよい、という場合もあることを、心得ておかなくてはならない。ただし、この場合も、触れない方がよいと分かっていることと、知らないでよいこととは、別である。「この点がよく分からなければ、このクライエントの総体的な理解には足らないが、しかし、今は触れないでおこう。もっと先になってクライエントに直面できる力がついてきたら、その時に用心しながら少しずつ触れていこう」と、考えておくことである（クライエントによっては生涯触れずにおいた方がよいこともあろう）（『私説・臨床心理学の方法』）。

加えて、この総体的視点、ことに「歴史性」（クライエントは生まれて以来どのような歴史や生活を生きてきたのか）、「関係性」（クライエントは生まれて以来どのような人間関係、親子関係、対象関係のもとにあったのか）を重要な臨床心理学的視点（考え方）にすることに対して、もしかすると、「精神分析的だ」と、認知行動療法などの立場を取る臨床心理士からは批判や反論があるかもしれない。しかし、前節で「宅間守の精神鑑定」を巡って考えてきたように、とくに精神分析学に拠らなくても、発達心理学や乳幼児心理学の豊かな知見は、精神科医に対抗できる臨床心理士の重要な専門的武器であろう。それ故、たとえ精神分析療法には依拠せず認知行動療法を選択するにしても、そしてその結果、治療的、実践的にはあえて「歴史性」「関係性」には触れない戦略（治療方法）を取ることこそが必要であり有効であると考えるにしても、しかしその背後にあるクライエントの「歴史性」「関係性」の理解は、臨床心理士の原則、方法として重要、不可欠だと、私は考えている。背後の「歴史性」「関係性」を理解しながらもあえてそれには触れない戦略を取る認知行動療法家と、まったく「歴史性」「関係性」を無視してただ技法的なだけの認知行動療法家とでは、臨床心理士としての姿勢とそれによる成果はまるで違ってこよう。

まったく余談になるが、村上春樹の『色彩を持たない多崎つくると、彼の巡礼の年』（文藝春秋）において、自分自身の苦しい過去の体験を封印しようとする「多崎つくる」に対して、恋人の「沙羅」は「それはきっと危険なことよ」と言う。

「危険なこと」とつくるは言った。「どんな風に？」

「記憶をどこかにうまく隠せたとしても、深いところにしっかり沈めたとしても、それがもたらした歴史を消すことはできない」。沙羅は彼の目をまっすぐ見て言った。「それだけは覚えておいた方がいいわ。歴史は消すことも、作りかえることもできない。それはあなたという存在を殺すのと同じだから」

そして、この「沙羅」の言葉に励まされて、「つくる」は、自分の痛ましい過去（歴史）に向き合う作業（巡礼）を始めるのだが、人間の「こころ・からだ」を理解するうえにおいても、それを修復する作業においても、「歴史性」「関係性」への視点は、そして加えて「現前性」「状況性」「個体性」「希求性」への視点は、普遍的な課題であろう。村上春樹の小説を臨床心理学的、心理療法的にあまり深読みすることは、好まないが、この小説の「沙羅」の言葉、そして態度には、クライエントがさまざまな過去の辛い体験に向き合う作業を励まし、支える、臨床心理士としての基本的な姿勢に通底するものがあるように思う（もちろん、それと同時に、過去の体験や傷に不用意に触れないことも不可欠な臨床心理学的配慮である）。

第五章　「クライエントと臨床心理士との相互関係の中で」、クライエントの「こころ・からだ」を理解し、手助けする

一　相互関係の中で理解し、手助けするということ

「臨床心理士の仕事の方法」としての「臨床心理学的に配慮されたアプローチ」の第五の原則を、「「クライエントと臨床心理士との相互関係の中で」、クライエントの「こころ・からだ」を理解し、手助けする」とした。被援助者の理解と手助けに対する援助者と被援助者との相互関係の問題であり、臨床心理学という学問の方法論の問題でもある。

「クライエントと臨床心理士との相互関係の中で」とは、心理面接、心理検査、心理療法のいずれにしろ、クライエントが臨床心理士との間で体験しているもの、表現するものに対して、例えばクライエントが緊張していたり機嫌が悪かったり攻撃的であったりするならば、また夢の内容にしてもロールシャッハ法の反応にしても、もしかして臨床心理士との関係や臨床心理士側にも要因が

あるのではないかなどと、クライエントと臨床心理士との相互作用、相互関係としてつねに点検し、見ていこうとする学問的、職業的視点を言う。それは逆に、臨床心理士側についても、例えばあるクライエントと面接していて、臨床心理士がひどく憂うつな気持ちに囚われたり、無力感に襲われたりしたら、もしかしてそれはクライエントとの関係やクライエント自身の問題によって引き起こされたのではないかと考える視点ともなる。

もちろんのこと、臨床心理士は、心理面接にしろ心理検査にしろ心理療法にしろ、できる限り中立的に振る舞い、無用な影響をクライエントに与えないように充分に注意して実施しようと努めはする。しかし、それが生きた人間と生きた人間との生身の関係を通して行なわれる限りは、臨床心理士の存在がクライエントの「こころ・からだ」とその表現に影響を与えてしまうことは、どうしても避けられない。一見、科学的、中立的に実施されているように思われる心理検査にしても、そもそも検査者である臨床心理士が、男性であるか女性であるか、高齢の人か若い人かなどによって、クライエントの反応は微妙に違ってこよう。臨床心理士側からしても、検査を受けるクライエントが、尊大な権威的な人かそれとも自信のないおどおどしている人かによって、知らず知らずにその口調や態度が違ってこようし、検査結果にも自ずから影響が出よう。ましてやクライエントと臨床心理士との関係性がより重みを増す心理面接や心理療法においては、クライエントと臨床心理士が相互に与え合う影響は小さいものではない。

このように、日々の心理臨床現場においては、臨床心理士は、クライエントからのさまざまな影響に晒され、動かされ、逆にクライエントに対してさまざまな影響を与え動かしている。自然科学的な態度や方法によってクライエントに対処しようとしても、まるで予想しない反応に出会ったり、計算通りには進まなかったりして、真面目な臨床心理士であればあるほど、戸惑い、途方に暮れてしまう。まさに前章で紹介した金森が「自然主義の臨界」と呼ぶ現象、すなわち「自分の〈版図拡大〉に邁進する自然主義が、自分のなかにはなかなか回収できない知識や発想、個別事例に遭遇したとき、そこで一瞬逡巡し、狼狽し、焦燥するであろうような領域、またはその遭遇そのもの」に（金森修『自然主義の臨界』勁草書房）、臨床心理士は、日夜直面させられている。

だが一方で、金森の言う「自然主義」すなわち「人間そのものを研究する時にも、自然科学的な発想や分析装置を使って、自然科学の研究方法に近づけるような形にしたい。しかも人間全体にそれが適応可能だと考えてしまうという傾向」（『週刊読書人』）が、臨床心理学界においても「版図拡大」に邁進している昨今、こうした「クライエントと臨床心理士との相互関係の中で」、クライエントの「こころ・からだ」を理解し、共感し、手助けを考えるという方法論を、臨床心理士の基本的原則にすることに対しては、反対意見や批判が出されるであろう。この方法論は、実験者、観測者や実験装置は、決して無色透明・無害の中立的存在ではなく、実験に対して必然的に影響を及ぼしている存在であると認めることであるから、狭い意味での科学的方法論やいわゆる心理学とは対立するであろう。「それでは科学たり得ない」という批判を受けるかもしれない。

しかし、心理検査にしても心理療法にしても、心理学実験ならいざ知らず臨床現場でクライエントに実施するものについて、臨床心理士の存在や影響をまるで無視して考えることは、本当に誠実な「科学的な態度」なのであろうか。むしろ、「自然主義の臨界」（金森）に晒されている現場の臨床心理士からしたら、「心理学行為は科学的・中立的であるべきだ」などという安易なお題目を掲げるよりも、人間と人間とがかかわり合う臨床心理学行為においては、どうしてもお互いの影響が入り込まざるを得ないことをつねに自覚し、点検しておく、そのことの方がはるかに誠実な「科学的な態度」ではないかと思われる。河合隼雄も「行動療法においても、結局のところ治療者とクライエントの関係がキーになる」（『臨床心理学ノート』金剛出版）と述べているが、「クライエントと臨床心理士との相互関係の中で」、クライエントの体験とその表現を理解し、点検し、考え続けることも、臨床心理士の専門性における重要な原則とすべきだと、私は考える。この原則を組み込むことによってこそ、臨床心理学は、そしてそれを実践する臨床心理士は、新しい学問・知としての独自の方法論を、ことに心理学や精神医学に対して、持てることになろう。その問題をこの章を通して考えていくことにする。

この新しい学問・知のあり方を、哲学者の中村雄二郎は、「科学の知」と対比させて「臨床の知」と呼んでいる（『臨床の知とは何か』岩波新書）。まずそれを取り上げて考えてみることにする。

二　「科学の知」と「臨床の知」（中村雄二郎）

金森修の言葉を借りれば「自然主義の臨界」ということになろうが、中村雄二郎は、「近代科学が無視し、軽視し、果ては見えなくしてしまった〈現実〉あるいはリアリティ」として、とくに「生命現象」そのものと、対象との「関係の相互性」（あるいは「相手との交流」）を挙げている（『臨床の知とは何か』）。「生命現象」については、「（「生命現象」に対する近代科学の一例として）操作主義の極地としての分子生物学が捉えているのは、原子論的に分子のレヴェルに還元された生命体の要素とその機械論的な組み合わせであって、生命現象そのものでも、生命現象の固有の、あるいは少なくとも特徴的な働きでもない。したがってそこでは、生命現象のもたらす意味の発生、自律的な振舞い、自己創造などが真っ向から扱われることがない」と批判する。こうした近代科学からこぼれ落ちる（クライエントの「こころ・からだ」という）生命現象の働きそのものと、それがもたらす「意味の発生、自律的な振舞い、自己創造」などに、現場の臨床心理士は、真っ向から向かい合うことを余儀なくされている。また、「関係の相互性」については、「近代科学の客観性は、基本的に、主観と客観、主体と対象の分離・断絶を前提している。だから、そこで捉えられる事物はいきおい独立性・自律性のつよいものになるが、そのような事物の捉え方のもとでは、客観や対象とは、主観や主体の働きかけを受け被る、単なる受け身のもの、受動的なものでしかない。つまりそこでは、事物の側からのわれわれに対する働きかけ、われわれの側から言えば受動になるような作用は一切無視され、ないものとされている。とはいえ、事物とわれわれの具体的な関係を成り立たせているのは、働きかけを受けつつおこなう働きかけ、つまり受動的な能動とも言うべきものではなかろうか。そのような在り様を人間の営みとして具体的に示せば、自分の身体を他人の視線にさらしておこなう行動、つまり〈パフォーマンス〉ということになるだろう」と述べる（同右）。「関係の相互性」に関してここで中村が明快に説明していることは、「事物」を「クライエント」と置き換えれば、本章のテーマと問題意識にまったく重なる。

近代科学に対するこのような危機感に基づいて、中村は、近代科学を成り立たせている基本原理として、「普遍性」「論理性」「客観性」の三つを挙げる。すなわち「普遍性」とは、「例外なしにいつ、どこでも妥当するということである。だから、そのような性格を持った理論に対しては、例外を持ち出して反論することはできない。原理的に例外はありえない」。「論理性」とは、「主張するところがきわめて明快に首尾一貫していることである。理論の構築に関しても用語の上でも、多義的な曖昧さを少しも含んでいないということである。したがって、そのような性格をもった理論に対しては、最初に論者によって選ばれた筋道によってしか、問題が立てられず議論できない」。「客観性」とは、「在ることが誰でも認めざるをえない明白な事実としてそこに存在しているということである。個々人の感情や思いから独立して存在しているということである。だから、そのような性格をもった理論にとっては、物事の存在は主観によっては少しも左右されないということになる」（同右）。

これら三つの原理が、「なにを軽視し、無視し」、「なにを排除することによって成立しえたのか」について、先に「客観性」についてはは紹介したが、近代科学の「普遍性」が「覆い隠すことになったのは」、「有機的なまとまりをもった宇宙、他にない固有の場所としてのコスモスである。このコスモスとは、大宇宙（マクロコスモス）だけにかぎらない。それは、生命体が個体的、集合的にそのなかに生きるさまざまな固有の場所を指している」。また、近代科学の「論理性」、「いっそう正確には論理的な一義性」は、「一つの原因に対する一つの結果という単線的な因果関係を説くのにきわめて適している。しかし、たとえ自然現象であっても、そのような単線的な因果関係が成立するのは限られた場合だけである。実際には〈現実〉は、もっといろいろな側面あるいは多義性を備えている。無生物についても同じようにそのことが言えるけれども、環境との相互関係がはるかに複雑な生命体や人間的事象になると、いっそうその性格が強まる」（同右）。

そして、近代科学の三つの原理「普遍性」「論理性」「客観性」が無視し排除した「現実」の側面、とくに「生命現象」そのものと対象との「関係の相互性」を捉え直す重要な原理として、中村雄二郎は、「コスモロジー」「シンボリズム」「パフォーマンス」の三つを挙げる。

すなわち「コスモロジー（固有世界）」とは、「宇宙論的な考え方」とも言うが、「これはなによりも、場所や空間を――普遍主義の場合のように――無機質で均質的な拡がりとしてではなく、一つ一つが有機的な秩序をもち、意味をもった領界と見なす立場である。したがってまた、ここにおいては、ここの場合や場所（トポス）が重要になる」。「シンボリズム（事物の多義性）」とは、「象徴表現の立場」とも言うが、「物事をそのもつさまざまな側面から、一義的にではなく、多義的に捉え、表わす立場である。たとえば、（中略）多くの時計は、概念として同じく腕時計であっても、互いにずいぶんその在り様がちがう。（中略）このような意味の多面性、多義性は、時計のようなものだけでなく、どんな平凡な石ころにでもいえる。したがって、シンボリズムは、物事に多くの側面と意味があるのを自覚的に捉え、表現する立場なのである」。また、「パフォーマンス（身体性）」とは、「身体的行為の重視」とも言うが、「体を使っての全身的な表現である場合もあるけれども、パフォーマンスであるためには、なによりも、行為する当人と、それを見る相手や、そこに立ち会う相手との間に相互作用、インタラクションが成立していなければならない。／しかも、そのような相互作用が成立するのは、何かの特別な挑発がなされているからではない。そうではなくて、人間が身体性を帯びて行為し、行動するからであり、そのときひとは、おのずと、わが身に相手や自己を取り巻く環境からの働きかけを受けつつ、つまり自己のうちにパトス的（受動的、受苦的）な在り様を含みつつ、行為し、行動することになるからである」（同右）。

こうした「コスモロジー」「シンボリズム」「パフォーマンス」の三つを構成原理とする「臨床の知」を、中村雄二郎は、近代的な「科学の知」が無視し排除してきた「現実」の側面を救出する新しい学問・知の方法として提唱する（中村によれば「臨床の知」は「フィールドワークの知」「演劇的知」「パトスの知」「南型の知」とも呼ばれる）。

コスモロジーとシンボリズムとパフォーマンスの三つを特性あるいは構成原理とする〈臨床の知〉は、近代的な〈科学の知〉と対比して、次のようにまとめられることになる。すなわち、科学の知は、抽象的な普遍性によって、分析的に因果律に従う現実にかかわり、それを操作的に対象化するが、それに対して、臨床の知は、個々の場合や場所を重視して深層の現実にかかわり、世界や他者がわれわれに示す隠された意味を相互行為のうちに読み取り、捉える働きをする、と。

ことばを換えていえば、科学の知が冷ややかなまなざしの知、視覚独走の知であるのに対して、臨床の知は、諸感覚の協働にもとづく共通感覚の知であることになる。というのも、臨床の知においては、視覚が働くときでも、単独にでなく多の諸感覚とくに触覚を含む体性感覚と結びついて働くので、その働きは共通感覚的であることになるのである（同右）。

「臨床の知」の三つの構成原理を、心理臨床現場やクライエントとの関係に即して表現すれば、「コスモロジー」は、均質の時間・空間を前提とするのではなく、一人一人のクライエントは、それぞれ独自の固有な世界と在り様を生きており、その固有の世界、環境、状況、風土、雰囲気を理解すると共に、一人のクライエントと一人の臨床心理士との間に開かれてくる世界や関係はもとより、たとえ心理検査状況にしても、決して無機質で均質なものではなく、固有で独自の世界と関係の開示として捉えていこうということになる。本書で主張する「臨床心理学的に配慮されたアプローチ」の第一原則「一人一人のクライエントを確かな対象として」、第二原則「クライエントと直接かかわることを通して」、第四原則「現前性・状況性・歴史性・関係性・個体性・希求性の総体的視点から」などが、これに対応するであろう。

「シンボリズム」は、論理的明快さや一義的意味の追求よりも、クライエント独自の多義的な象徴的表現や無意識的な表現を理解しようとする。そのためには言語表現だけでなく、夢や絵画などのイメージ表現なども重要視される。第三原則「クライエント自身の体験とその表現を核にして」、第四原則「現前性・状況性・歴史性・関係性・個体性・希求性の総体的視点から」などが、これに対応しよう。

最後に「パフォーマンス」は、客観性・中立性の保持よりも、セラピスト側の身体や主観・感覚をも用いたクライエントとの相互性、相互関係の中で考えようとする学問・知の方法である。これはまさしく本章がテーマとする第五原則「クライエントと臨床心理士との関係の中で」こそクライエントの「こころ・からだ」を理解し、手助けしようとすることにまったく重なるが、他にも、第二原則「クライエントと直接かかわることを通して」、第六原則「臨床心理士自身のことも含み込んで」が、「パフォーマンス」に対応する。

このように、中村雄二郎が提唱する「臨床の知」の方法は、筆者が本書において主張する「臨床心理学的に配慮されたアプローチ」とほとんど重なってくる。中村は、「臨床の知」の観点からとくに重要な医療問題として、（1）健康への幻想、（2）科学的医療への妄信、（3）医療の陥穽への無自覚、の三つを挙げている（同右）。こうした医療問題に露わになるような、現代社会において人間の「こころ・からだ」さえ支配しようとする「科学の知」に対抗して、「臨床の知」の立場から、医学や精神医学に対して警鐘を鳴らすと共に、何よりも、一人一人の生きた人間の「こころ・からだ」を理解し、手助けしようと努めることが、臨床心理士の重要な「仕事の方法」であり、その職業的専門性と独自性と言えるのではなかろうか。

三 「間主観性」ということ

哲学的な小難しい議論が続いて申し訳ないのだが、本章のテーマである「クライエントと臨床心理士との相互関係の中で」という問題を考えるうえで、精神分析学の世界でも近年よく話題になる「間主観性（intersubjectivity）」について、やはり触れておかざるを得ないだろう。

『哲学・思想事典』（廣松渉他編　岩波書店）に頼れば、「間主観性とは、二〇世紀に入って、フッサールの現象学とともに提示された、主観性についての新しい考え方である。それは、主観性が根源的にはエゴ・コギト〔われ思う〕として単独に機能するのではなく、たがいに機能を交錯させつつ共同的に機能するものであって、こうした主観性の間主観的な共同性が対象の側へ投影されたときに客観的世界という表象が生じると考える」と説明されている（鷲田清一）。

「間主観性」よりも「間主体性」と言った方が適切かもしれないが（「主観」も「主体」も英語では同じ「subject」だが日本語にするとかなりニュアンスが違ってくる）、こうした現象学における

「間主観性」の考えを基盤にして、精神科医の木村敏は、「人と人との間《あいだ》」という視点を軸にして「自己が自己となる過程としての「個別化」は自己自身の内部に生じる事態ではなく、自己と他者との間、自己と世界との間に生じる事態である」という基本テーゼから（『分裂病の現象学』弘文堂）、「統合失調症」や「躁うつ病」について精緻な精神病理学的、臨床哲学的思索を深めている。そして、第二章でも引用したが、本章で問題にしている「クライエントと臨床心理士との相互関係を通して」に関連しても、木村は、「（患者との治療的関係を方向づけてくれるあらゆる情報の収集の、唯一の、そして究極の拠り所は）治療関係それ自身でしかありえない。治療関係においては、患者と治療者の双方が互いに相手に対して行為しあい、「ふるまい」あう。臨床実践において治療者の適切な行動を導いてくれるのは、記号としての患者の個別的な症状であるよりは、むしろ患者の「ふるまい」の全体である。患者の「ふるまい」と治療者のそれとは互いに相補的である」と述べている（「分裂病の詩と真実」『木村敏著作集7臨床哲学論文集』弘文堂）。

「治療関係においては患者と治療者の双方が互いに相手に対して行為しあい「ふるまい」あう」、「患者の「ふるまい」と治療者のそれとは互いに相補的である」とは、まさに中村の言う「パフォーマンス」にあたるであろう。また、本章がテーマとする「「クライエントと臨床心理士との相互関係の中で」、クライエントの「こころ・からだ」を理解し、手助けする」問題に重なる。そして、木村は、このような患者（クライエント）と治療者の相補関係が可能である根拠として、「治療者の「ふるまい」それ自身が、通常の分別的な対象認識とは別種の、それ自身対象化されることのない感覚機能を伴っている」故だと言うが（同右）、これは、分別的視覚的な「科学の知」に対して、「臨床の知」においては、「視覚が働くときでも、単独にでなく多の諸感覚とくに触覚を含む体性感覚と結びついて働くので、その働きは共通感覚的であることになるのである」という中村雄二郎の共通感覚論に結びついてくる（『臨床の知とは何か』）。中村は、「コモン・センスには、社会的な常識、つまり社会のなかで人々が共通（コモン）に持つ、まっとうな判断力（センス）という意味があり、現在ではもっぱらこの意味に解されている。けれどももともと〈コモン・センス〉とは、諸感覚（センス）に相わたって共通（コモン）で、しかもそれらを統合する感覚、私たち人間のいわゆる五感（視覚、聴覚、嗅覚、味覚、触覚）に相わたりつつそれらを統合して働く総合的で全体的な感得力、つまり〈共通感覚〉のことだったのである」と説明する（『共通感覚論』岩波現代文庫）。そして、「（こうした）共通感覚は感覚と理性の変換点であり、想像力の座であった。いいかえれば、その働きは身体を基盤として身体的なもの、感覚的なもの、イメージ的なものを含みつつ、それをことばつまり理《ことわり》のうちに統合することである。また、サブ言語としての身体言語からいわゆる言語への通路を開くことでもある。私たちの感性は、共通感覚をとおして活性化され、整えられ、秩序立てられなければならず、また理性は共通感覚にしっかり根をおろすことが必要である。感性のいたずらな放散と理性の不毛な形式化とを免れるためには、共通感覚をいきいきと働かせることが大いに役立つはずである」と、現代社会における「共通感覚」の蘇生の意義を語る（同右）。「共通感覚」は、ユングの言う「普遍的無意識」にも通じてこようが、ちなみにハイデッガー（Heidegger, M.）の弟子であったアーレント（Arendt, H.）は、「かつては、まったくの私的な感覚作用をもつにすぎない他のすべての感覚を共通世界に適合させていた」ところの「共通感覚」が「今や世界とは何の関係もない内部的能力になった」と批判すると共に、「動物的な五感を万人に共通する世界に適合させる感覚とは共通感覚のことであったが、この感覚が奪われた人間とは、所詮、推理することのできる、そして「結果を計算する」ことのできる動物以上のものではない」と述べている（志水速雄訳『人間の条件』ちくま学芸文庫）。多分、一斉に飛び立とうとする渡り鳥の間には、動物的五感としての「共通感覚」が共有されており、そこでは、「彼が飛び立つから私も飛び立つ」のでも「私が飛び立つから彼も飛び立つ」のでもない間主観的な体験として（ユング的に言えば共時的に）「飛び立つ」行為が現われ出ているのであろう。論理的視覚的思考に偏向した現代人は、こうした共通感覚としての動物的五感を喪失した存在へと陥っており、いわばそれは「発達障害的事態」であり、もしかするとそれが「発達障害」を増加させている社会的、時代的な一因になっているのではあるまいか。

話が逸れたが、心理臨床の現場に即して言えば、視覚優位の「科学の知」に頑なに従っている限りは、臨床心理士にとってクライエントは、一定の距離が保たれた客体的存在として冷静に観察する対象でしかない。そこでは、臨床心理士は安全地帯に身を置くことができ、クライエントとの相互関係は切断されている。しかし、「間主観性」あるいは「共通感覚」に支えられた「臨床の知」に従っていれば（と言うよりも客体と安全な距離を保てない混沌とした臨床の現場では従わざるを得なくなるのだが）、目の前の生身のクライエントの振る舞いや身動き、行動によって、クライエントの発する声音やことばによって、クライエントの醸し出す雰囲気や匂いによって、クライエントが周囲を窺い臨床心理士に注ぐ眼差しによって、ときにはクライエントの感触や肌触りによって、クライエントの存在や身体は、臨床心理士の全感覚に、全身体に、全存在に働きかけてくる。臨床心理士の思考や感情やイメージを揺り動かし、その内へと侵襲し、否応なくクライエントとの関係へと引き入れる。同様に、クライエントの側も臨床心理士の存在や身体によって揺り動かされ、それがまた臨床心理士へと反射され、抜き差しならない相互関係へと両者を引き摺り込む。臨床の現場とはそのようなものであり、ましてや、臨床心理士が向かい合う相手が、さまざまな深刻な「こころ・からだ」の問題を抱え、日常的、常識的な対応だけではとても済まされない「狂気」とも呼ばれるような事態にさえ陥っているクライエント（患者）という存在であれば、臨床心理士自身が、繊細な共通感覚、すなわち動物的五感、味覚はともかく視覚、聴覚、嗅覚、触覚をできるかぎり働かせて（「第六感」も含めて）、生身の身体と身体との相互関係、相互作用の中で把握しようと努めない限り（それでも限界は当然あるにしても）、クライエントの「こころ・からだ」は、とても理解できるものではなかろう。クライエントの「こころ・からだ」を理解し、手助けしようとする限りは、臨床心理士は、クライエントの影響の及ばない安全地帯に身を置くことは叶わず、クライエントとの相互関係の中に自らを投じざるを得ない。

四 間主観的アプローチによるクライエントとの相互関係

こうした哲学的現象学的な「間主観性」の考えがある一方で、最近は、精神分析学の方から、「間主観性」ということがしきりに言われるようになった。もう少し厳密に言えば、「（転移、逆転移という考えに見られるように）精神分析は絶えず間主観（体）性というアイディアと潜在的につながりをもっており、それは独我論的もしくは実証主義的な精神分析理解に対するアンチテーゼとして暗にはたらいていた。しかしこの言葉が精神分析文献中に明瞭に登場し始めるのは一九八〇年代以降である」ということになる（藤山直樹「間主観（体）性」小此木啓吾他編『精神分析事典』岩崎学術出版社）。この立場の理論的リーダーであるストロロウ（Stolorow, R.D.）は、「われわれの間主観的パースペクティブによれば、精神病理状態、転移、抵抗、陰性治療反応などの臨床の諸現象は、患者の隔離された心の内側に生じる、心の中のメカニズムの産物ではなく、相互交流する患者と治療者の体験世界の接点において形を成すものである。意識と無意識の境界――いわゆる抑圧障壁――でさえ、発達過程においても治療状況においても、固定された精神内界の構造としてではなく、時々刻々流動変化する間主観的システムの属性として理解される」と語る（「はしがき」バースキー（Buirski, P.）・ハグランド（Haglund, P.）、丸田敏彦監訳『間主観的アプローチ臨床入門』岩崎学術出版社）。「臨床の諸現象は患者の隔離された心の内側に生じる心の中のメカニズムの産物ではなく、相互交流する患者と治療者の体験世界の接点において形を成す」、このことこそが「間主観性」

の基本テーゼである。もともと、近年の精神分析学では、内的な欲動を中心に置く考えから他者との相互関係に重きを置く考えの方に移ってきている。すなわち「今日の精神分析が描き出す共通の「風景」とは、人々の他者との間での相互作用、つまり対象関係の問題に焦点を当てようとする視点から構成されているのである」（グリーンバーグ（Greenberg, J.R.）・ミッチェル（Mitchell, S.A.）、横井公一監訳『精神分析理論の展開』ミネルヴァ書房』）。その展開として、人々の他者との相互作用を「間主観的アプローチ（パースペクティブ）」としてより明確にしようとしたのが、自己心理学のストロロウらである。この「間主観的アプローチ」が立脚するのは、「われわれの主観性（自分自身をめぐる、そして世界をめぐる時々刻々の体験）が、相接する主観性の力動的で流動的なコンテクストの中で発現するという仮説、そして物事の「本当に」あるがままを観察するために、自分自身の主観性を完全に括弧で括ることなどできないという仮説」である（『間主観的アプローチ入門』）。こうした「仮説」に基づく間主観性理論の中心的概念によれば、「われわれがこの世でいかに機能するかの基盤は、自分自身をめぐる体験にある。われわれの主観的体験は、ある特定の瞬間、意識にあることすべてに加え、意識の外にあるもののかなりをも含んだ現象学である。個々人の能力や気質、幼児期から児童期にかけての養育者との関係の在り方、そしてまた、その人の置かれた生活環境の現実が幸運か悲惨か、などが、長い経過のなかで、複雑に織り合わさって収斂し、さまざまなパターンを形作る。自分自身と世界とを体験するそうしたパターンが、われわれの主観的でパーソナルな現実を描き出し、また、体験のオーガナイゼーションとして構造化される。われわれは、治療関係というコンテクストの中でこれらのパターンを理解しようとするわけであるが、その体験が新たな生身の体験となり、新しいオーガナイジングパターンの基礎となる」ということになる（同右）。「オーガナイゼーション」「オーガナイジングパターン」は分かりにくい言葉だが、「organizingの代用語として一番ぴたりとするのはintegratingだと言われた」という話があるから（丸田敏彦「訳者あとがき」ストロロウ他『間主観的アプローチ』岩崎学術出版社）、「自分を自分として纏めあげる・統合する働き」と理解しておく。少々我田引水だが、「（治療関係での）体験が新たな生身の体験となり、新しいオーガナイジングパターンの基礎となる」という点に関しては、私自身も、治療関係においてクライエントの「歴史性」「関係性」が再現されるが、セラピスト（臨床心理士）の存在とその関係によってこそ、クライエントのこれまでの「歴史性」「関係性」の修復作業が行なわれる、と述べたことがある（『私説・臨床心理学の方法』）。

なお、ストロロウは、とくに日本の読者に対して、「隔離された個々の心という、神髄まで西洋的な神話を信奉する伝統的精神分析の枠組みと違い、間主観的な見地は、自分らしさが社会的関係という基盤に根深く埋め込まれているとする、日本的な見地に一致する」と語りかけている（「日本語版への序」丸田敏彦訳『間主観的アプローチ』）。「自己の中に絶対の他を見、絶対の他の中に自己を見る」西田幾多郎の哲学に深い影響を受けている木村敏や中村雄二郎の立場にも見られるように、「間主観的な見地」すなわち「クライエントと臨床心理士との相互関係の中で」、「こころ・からだ」を理解し、手助けしようとするのは、東洋的風土に馴染むものなのであろう。

臨床哲学的精神病理学的な立場と精神分析学的立場の両方から、「間主観性」の考えを見てきた。安全地帯に身を置いて（自分自身の主観性を括弧に括って）「科学的」な立場を何としても維持しようとする臨床心理学の方法があるだろうことは否定しない。しかし、少なくとも、一人一人の生身のクライエントと向かい合って、その「こころ・からだ」を理解し手助けしようと努める現場の臨床心理士の「仕事の方法」としては、こうした「間主体性」の考えを背景にして、クライエントと臨床心理士との間に生じるさまざまな臨床の現象を、「クライエントと臨床心理士との相互関係の中で」のこととしてつねに点検し、考えていこうとするのは、やはり欠かしてはならない原則のように思われる。

五 「転移／逆転移」という考え

以前にも紹介したが、教条的な精神分析学を強く批判する精神薬理学者のガミーでさえ、フロイト主義の中で生きているものの一つとして「転移」と「逆転移」を挙げているように（『現代精神医学原論』）、「転移」と「逆転移」の考えは、とくに精神分析学的立場に拠らなくても、臨床心理士として非常に重要な視点と思われる。本章のテーマに即しても、前節で引用したストロロウは、相互交流する患者と治療者の体験世界の接点において形を成すものの一つに、「転移」を挙げている（『間主観的アプローチ臨床入門』）。

「逆転移」については、第六の原則の「臨床心理士のこともつねに含み込んで」にことに関連してくるので次章でもう一度取り上げるが、しかし、「クライエントと臨床心理士との相互関係の中で」という本章のテーマからしても、「転移」と「逆転移」はやはりセットで考えておくべき問題と思われるので、本節で「転移／逆転移」として考えておく。

精神分析学の厳密な定義を広げすぎているかもしれないが、私の表現も用いて、「転移」とは、「クライエントが負っている生まれて以来の歴史性・関係性・状況性をセラピスト（臨床心理士）との関係の間でクライエントが繰り返し再現すること」としておく。また「逆転移」とは、「セラピスト（臨床心理士）が負っている生まれて以来の歴史性・関係性・状況性をクライエントとの関係の間でセラピスト（臨床心理士）が繰り返し再現すること」としておく。またその「再現」には、直接的で率直な表現だけでなく、基底の「歴史性」「関係性」故に反動的、防衛的に生じる、まるで反対のあるいは背反し歪曲された表現も含まれる。ここで、今現在の「状況性」をも含めることには拡大解釈の批判があるかもしれないが、精神分析家のストロロウらも、「分析状況を含んだ現在の状況に関する体験を成形するものは、その人の生育歴における多数の源泉からだけでなく、現在の状況や意味からも引き出される」（丸田俊彦訳『間主観的アプローチ』岩崎学術出版社）と述べている。会社内の人間関係に対するクライエントの不満が、臨床心理士への不満として表現されてくるように、今現在の「状況性」も、クライエントと臨床心理士との関係の間で相互的に再現されやすい。

分かりやすい例を挙げれば、「転移」とは、非常に厳格で支配的な両親に幼少期から育てられて自由な自己表現を押さえられてきたクライエントが、臨床心理士との関係においてもその「歴史性・関係性・状況性」を繰り返し再現し、臨床心理士に対して緊張し萎縮し、自由な自己表現を過度に抑制してしまうような現象を指す。同時に、こうしたクライエントには、長い間抑えていた感情、ことに怒りの感情が潜在しており、その萎縮した態度とは裏腹に、臨床心理士との関係が少し深まると唐突に激しく表現されることがある。これも「転移」の表われということになる。同様の現象が臨床心理士側に表われることを「逆転移」という。臨床心理士側からすると、クライエントの「転移」は比較的観察しやすいが、臨床心理士自身に生じる「逆転移」は、なかなか自覚しにくい。どうしてもクライエントのせいだけにしがちである。しかし、あるクライエントと会っていて、何かとてもイライラしてくる、腹が立ってくる、寂しくなってくる、会うのが負担になってくる、逆に面接がとても待ち遠しくなる、憂うつになってくる、無力感に襲われるなどの、普段はあまり体験しない感情に囚われたときは、クライエント側の要因がほとんどのように思われる場合もあろうが、その場合にしても、臨床心理士自身の個人的な「歴史性・関係性・状況性」にも要因があるのではないかと（いったんは立ち止まって）自身を点検してみる。つねに「クライエントと臨床心理士との相互関係の中で」考えるということである。

臨床心理士も生身の人間であるから「逆転移」は必然的に起きる。以前は、「逆転移」はなるべく生じないように防止すべきものと考えられていたが、むしろ最近は、「逆転移」は必然的に生じるものだから防止することに無駄な力を注ぐよりも、「逆転移」に陥っていることをできる限り自覚することの方に、それを自身がモニターし続けることの方に、より重点が置かれるようになった。また、「逆転移」はクライエントとの関係やその手助けを妨げるものと否定的に考えられがちだったが、「逆転移」を通してクライエントと臨床心理士との関係を点検できたり、クライエントの深層の「こころ・からだ」の動きがより深く理解できたりするなどの、治療的に肯定的な面があることも重視されるようになってきている。

しかも、ストロロウらも「転移と逆転移とが一緒になって、間主観的な、相互的影響システムを形成する」（『間主観的アプローチ』）と述べているように、「転移」と「逆転移」は、相互的に起こりやすい。「転移」が「逆転移」を刺激し、その「逆転移」がますます「転移」を刺激し過激にさせるという悪循環が生じやすい。厄介なクライエントに「モンスター」のレッテルを貼る、いわゆる「モンスター」現象には、単にクライエント側の問題だけでなく、それに対応する側の「逆転移」の問題も深く絡んでいる。このように「転移」と「逆転移」は、クライエントと臨床心理士との関係の中で相互的に生じやすい。例えば、クライエントが幼少期以来の両親を中心にした「歴史性」「関係性」故に心中に抱え込んできた怒りの感情を、臨床心理士との関係の間でさまざまな形で表現したとする。直接的な腹立ちの表現であったり、遠回しの不満や嫌みの表現であったり、間接的には面接に遅れてきたり、臨床心理士を無視した沈黙であったり、そうしたさまざまな形の怒りの再現に際して、臨床心理士自身もその背負っている「歴史性・関係性・状況性」故に、ついついどうしても反応してしまう。ことに怒りの感情というものは、現代社会においては率直に表現することには強い禁止、制限が加わっており、誰もが心中深くに（無意識的に）抱え込んでいる感情であるだけに、ちょっとしたことをきっかけに暴発して、自分自身でも驚くような激しい原始的な怒りが他者に向けられることがある。

少し横道に逸れるが、「怒り」という問題に関して、吉田修一は、文字通りの小説『怒り（上・下）』（中央公論新社）において、表面的には優しく振る舞う青年の心中にある、残酷な殺人事件を犯すほどの非常にねじ曲がった激しい怒りの感情を浮き彫りにしている。

殺人犯・山神雄一（田中）は、逃亡中の沖縄で親しくなった少女・泉が米兵に襲われる現場を覗き見したあと、自身が惨殺現場に残した血文字と同じ「怒」の字を潜伏している廃墟の壁にも書きなぐる。そしてその後、泉の高校のボーイフレンドである辰哉がその落書きを発見する。

白壁に「怒」と赤い文字があった。田中が書いたものだと直感で分かった。その時、何か感じたはずだが、今となってはもう思い出せない。泉の元に戻ろうとして、ふと足が止まった。白壁の左下、雑草で隠れたところに何か書かれているのが見えた。赤いペンキではなく、黒マジックで書かれた文章だった。辰哉はゆっくり近づいた。生い茂った雑草を手で掻き分ける。

「米兵にやられている女を見た　知ってる女だった　ウケる　どっかのおっさんがポリスって叫んで終了　逃げずに最後までやれよ米兵　女気絶　ウケる」（『怒り（下）』一九九頁）

この後、それまで田中と親しい友人としてつきあっていた辰哉は、裏切られた怒りと泉を守るために、田中（山神）を刺して殺す。

山神が書いたような非常にねじ曲がった陰湿な怒りの表現は、ネット上でも散見するが、残酷な殺人を犯す者がこのような陰湿な怒りも持っていると言うよりも、陰湿な怒りを抱え込んでいる者がたまたまの機会に暴発して残酷な殺人に至ると考えた方が（すなわち多くの者がその可能性をもっていると考えた方が）よいのだろう。現代に生きる者として、心中に抱え込んでいる「怒り」（攻撃性・衝動性）をいかに（適切な形で）表現し、いかに（適切な形で）処理するかは、非常に難しい大きな課題のようである。

話を戻す。

たとえ精神分析学的立場に依拠しなくても、臨床心理士が「転移／逆転移」という現象を理解していると、クライエントが臨床心理士に向けてくるさまざまな感情や行動にはそれなりの背景や要因があることが理解できる。同時に、臨床心理士がクライエントに会うことで引き起こされるさまざまな感情や行動についても、それなりの背景や要因が自分自身にもあり、またクライエント側の要因によっても相互的に引き起こされてくることが理解できる。それによって、臨床心理士がクライエントに安易に振り回されたり、感情的に反応したりすることが少なくなって、クライエントと持続的な関係を維持し、構築することができる。そして、それは、結果的に、その「歴史性・関係性」

にさまざまな問題を抱えるクライエントの「歴史性・関係性」の修復に役立つ。この「歴史性・関係性」の修復に関して、ストロロウらは、「転移の一方の極には、発育期に欠けていたが不十分であった必須自己対象機能の源として分析医を体験したいという希望がある。（中略）もう一方の極にあるのは、もともとの自己対象不全体験が転移において繰り返されるのではないかという、患者の予測と不安である」と述べている（丸田敏彦訳『間主観的アプローチ』）。すなわち、「転移」を通して、クライエントは、第一には、不十分にしか体験できなかった安心した愛着と依存の関係を臨床心理士との関係の中で体験し直すこと、第二には、これまでの不十分だった関係性故に生じる不安と葛藤を臨床心理士との関係の中で修正、克服すること、この二つの課題によって、クライエントの「歴史性・関係性」は（少しずつ螺旋状に）修復されることになる。

六 「投影」「投影性同一視」という見方

精神分析学に基づく考えの紹介が続いてしまうが、「臨床心理士の仕事の方法」として、決して精神分析学的な立場に依拠することを求めているわけではない。私自身も、分析心理学も含めあまりに教条的な精神分析学的理論には批判的であるし、何よりも、「言葉遊び」とつい言いたくなる、臨床の現場の一人一人のクライエントとその手助けを忘れたような観念的な精神分析の理論や方法の適用については、否定的な気持ちを持っている。まず最初にクライエントありきであって、それ以前に精神分析学も分析心理学もまた認知行動療法もあるわけではない。ただ、百年を超える精神分析学の理論と方法の積み重ねと発展の中で、精神分析学には依拠しなくても、たとえ認知行動療法の立場に拠るとしても、臨床心理士としてクライエントの理解と手助けに役立つ考え方や方法はいくつかある。それを上手に取り入れることは、(机上の臨床心理学者としてではなく)あくまでも臨床現場でクライエントの手助けをしようとする臨床心理士として、有益なことであろう。

前著『私説・臨床心理学の方法』において、臨床心理士が身に付けておくべき臨床心理学の見方・考え方として、一「「無意識」という仮説」、二「「象徴」としても考える」、三「「多義性」の中を漂う」、四「「曖昧さ」に耐える」、五「両価性・背反性も心得ておく」、六「「逆」もまた「真」なり」、七「「投影」という考え方」、八「「良い・悪い」は簡単に決めつけられない」、九「「性愛・エロス」の力」(この力も人間に大きな影響を与えている)、十「「自然モデル」と「機械モデル」」(「機械モデル」よりも「自然モデル」に添うべきである)、十一「山あれば谷あり、谷あれば山あり」、そして「初心忘るべからず」の十二を挙げた。

この中の「「投影」という考え方」が、本章の「クライエントと臨床心理士との相互関係の中で」にことに関連してくるので、少し手を加えて引用しておく。

「投影」とは、自分の内の無意識の衝動、感情、欲望、観念などを、外在化して、自分とは別個の対象に属するものとして知覚する働きをいう。子どもへの虐待においてもこの機制はよく使われている。例えば、子どものいる女性と再婚した男(義父)が、その子どもに対して「俺は子どもを可愛がろうと思っているのに、子どもの方が俺のことを嫌って、憎しみの目で俺を睨んでくる」と感じて、子どもに怒りをぶつけて虐待する場合などである。このとき、「投影」という機制が働いているとしたら、子どもの方は義父に対してとくに強い感情もなく普通に振る舞っているのに、義父の方が、自分の内に元々ある（無意識の）「子どもなんか居ない方がよい。邪魔くさい。憎たらしい。死ねばいい」などの衝動、欲望を、意識化（自覚）できないために、自分の内ではなく、子どもの側にこそあると（外在化して）感じて、その結果、子どもへの暴力、虐待に及んでしまう。

自分の内にあって、自分自身ではなかなか受け入れがたい衝動、感情、欲望、観念などは、どうしても自分のものとはなかなか認識できず、他者や外界の方にこそあると、外罰的、被害的に認識しやすい。都合の悪いことはすべて相手のせいにして、「自分は何とも思っていないのに相手こそが悪い」、「自分は仲良くしようと思っているのに相手こそが自分を攻撃してくる」と感じやすい。これが「投影」の働きである。集団レベル、国家レベルで「投影」が生じれば、戦争や国境紛争、民族紛争、そして大量虐殺などへと発展するし、地域や隣家、そして個人同士の争いにも「投影」の機制が働いていることが多い。病理的なレベルに至ると関係妄想、被害妄想となって症状化してしまう。

川上未映子の小説『ヘヴン』（講談社）には、斜視である中学生の「僕」と汚い身なりをした少女「コジマ」に対する同級生の陰湿ないじめと、クライマックスでの心揺さぶられる衝撃的な対決が描かれているが、学校におけるいじめや、ホームレスや年寄りに対するいじめ、攻撃にも、「投影」

が働いていることがよくある。ことに、思春期の子どもが、同級生やホームレス、障碍者、年寄りなどを「臭い」「汚い」「醜い」「汚らわしい」「気持ち悪い」などと執拗に攻撃する場合、ときに殺人事件にまで至ってしまうが、自分の内に目覚めてきた性的衝動や欲望を、自分の中にあるものとしてはまだなかなか受け入れがたいために、「臭いもの・汚いもの・醜いもの」として外在化して、他者の中に見てしまっていることが多い。思春期に多い「不潔恐怖」も多分にその現われであったりする。

そして、心理療法の課題としても、人間の成熟の問題としても、他者や外界に「投影」している（外在化している）ものを、引き戻して、自分の内にあると認めること、受け入れること、すなわち「投影の引き戻し」を図ることは、非常に重要な作業である。大袈裟に言えば、人々が他者に「投影」している怒り、憎しみを、自分自身のものとして引き戻すことができれば、地球上の戦争や紛争も少しは少なくなる気がするが、それはともかくとしても、まずは臨床心理士が、臨床心理学を学んだ者の責務として、クライエントとの心理療法において「投影」の考えを役立てると共に、臨床心理士としての研修、訓練としても、自分自身の個々の問題としても、できるだけ「投影の引き戻し」の作業を行なっていかなくてはならない。他者から自分に向けられていると感じる攻撃、嫌悪、忌避などが、（無論そのすべてではないが多分にその多くが）他者の内にではなく、自分の内にこそあると認め、受け入れていく作業を続けていく必要があろう（『私説・臨床心理学の方法』）。

本章のテーマに即せば、臨床心理士が「投影」という見方を身に付けていると、例えば、臨床心理士がクライエントのことを、すごく嫌いになったり、避けたくなったり、腹立たしくなったり、また逆に好きになったり、必要以上に近寄りたくなったり、世話をしたくなったりした場合、その感情や欲求は、クライエント側の問題ではなくむしろ臨床心理士側の問題なのではないかと（ユング心理学的に言えば自身の「影」をクライエントの中に見ているのではないかと）、（少し立ち止まって）点検し、自覚することができる。

また、近年の精神分析学において重要な考え方になっている「投影性同一視」も、本章のテーマに密接に関連してくるので、少し説明しておく。もともと「投影」は自分の属性を外在化するのであるから、何らかの形で自分との関連性が含まれている。すなわち「投影」を介して自己と対象を同一視する働きがある（岩崎徹也「投影」加藤正明・保崎秀夫他編『新版精神医学事典』弘文堂）。そこで「投影性同一視」だが、例えばであるが、クライエントが誇大感、万能感を強く持っていたとする。心理療法の場において、まずそれが臨床心理士（セラピスト）に「投影」される。それと同時に、臨床心理士が知らず知らずのうちに誇大的、万能的に振る舞ってしまう圧力、支配が、クライエント側から加えられる。そして、それに操作されてついつい誇大的、万能的になってしまった臨床心理士を、クライエントが逆に取り入れ、見習い、同一化して（同一視）、よりいっそう誇大的、万能的な態度を取るが、しかしクライエントからすると、それは臨床心理士がそうであったからということになる。心理療法において臨床心理士が知らず知らずのうちに体験させられてしまう万能感、抑うつ感、無力感、怒り、嫉妬などが、とくに「境界例水準」のクライエントとの間においては、臨床心理士は自分自身に落ち度があるように自責感や罪悪感を強く感じてしまうが、しかしそれは臨床心理士側のものというより、元々はクライエント側から生じ、クライエントの支配、操作によってこそ、臨床心理士の中に生起してきたものなのである。

このような「投影性同一視」の考えは、「境界例水準」のクライエントとの心理療法において、臨床心理士自身が度々体験し、心理療法が妨げられてしまう大きな要因となる万能感、抑うつ感、無力感、怒り、嫉妬などが、クライエントの精神病理や蒼古的な対象関係によってこそ生じてくるという理解をもたらし、「境界例水準」のクライエントへの心理療法に非常に役立つこととなった（『私説・臨床心理学の方法』）。

このように、「投影」あるいは「投影性同一視」という見方は、「クライエントと臨床心理士との相互関係の中で」、クライエントの「こころ・からだ」を理解し、手助けするための重要な視点を、臨床心理士に与えてくれる。

第六章 「臨床心理士自身のこともつねに含み込んで」、クライエントの「こころ・からだ」を理解し、手助けする

一 「覚悟はあるのか、と聞いているんだよ」――中村文則『去年の冬、きみと別れ』から――

「臨床心理士の仕事の方法」としての「臨床心理学的に配慮されたアプローチ」の第六の原則を、「「臨床心理士自身のこともつねに含み込んで」、クライエントの「こころ・からだ」を理解し、手助けする」とした。援助関係において援助者自身の態度やかかわり方、人格、(ユングの言う)コンプレックス、無意識的囚われなどをも問題にせざるを得ないということだが、本題に入る前に、中村文則『去年の冬、きみと別れ』(幻冬舎)の印象的な場面を紹介することから始めたい。

『去年の冬、きみと別れ』は、冒頭、ライターである「僕」が、ある猟奇殺人事件に関する本を書くために、拘置所で事件の被告に面会する緊迫した場面から始まる。

「あなたが殺したのは間違いない。……そうですね?」

僕が言っても、男は表情を変えない。上下黒のトレーナーを着、だらけたように、身体《からだ》を椅子にあずけている。透明なアクリル板が間になければ、僕は恐怖を感じただろうか？ 頬が削《そ》げ、目がやや落ち窪んでいる。

「……僕はずっと疑問に思っているのですが、……あなたはなぜ、……殺害後、亜希子さんの……」

――早まってはいけない。

男が言う。表情は相変わらずなかった。悲しんでいるようにも、怒りを覚えているようにも見えない。ただ、疲れていた。この男は、ずっと疲れている。

――僕から、逆に質問しようかな。

男の声は、アクリル板を隔ててもよく聞こえる。

――覚悟は、……ある？

「え？」

辺りが冷えていく。

――覚悟はあるのか、と聞いているんだよ。

男が真っ直《す》ぐ僕を見ている。さっきから、男は一度も僕の目から視線を逸《そ》らさない。

――きみは、僕の内面が知りたい。そうだろう？……なぜあんな事件を起こしたのか、その僕の心の奥底が知りたい。……でももう、僕の元に、直接面会に来る人間はいないんだよ。……これがどういう意味かわかる？

男は顔の他の筋肉を一切動かさず、口だけ動かしている。

――僕はきみに向かって、すがりつくように、話し出すかもしれないってことだよ。……孤独は時に、人を多弁にする。きみはこのアクリル板を通して僕に会う余裕があるだろう。でもね、僕の感覚ではこうだよ。三畳くらいの空間で、膝を突き合わせきみと語り合っている。……想像してみるといいよ。異様な犯罪を犯した人間の話を、そんなに至近距離で、内面の全てを聞かされる。……まるできみの中に、僕を入れていくみたいに。

「……僕の中に?」

――そうだよ。僕の中の何かが、きみの中に入ってしまうかもしれない。きみの中の何かが、それによって活性化していくかもしれない。……まるで僕が、……これから死刑になる僕が、きみの中で生き続けるように。……平気なのか?（中村文則『去年の冬、きみと別れ』幻冬舎、五〜七頁）

こうして「僕」は、猟奇的な殺人を犯した男との抜き差しならぬ関係の中に引きずり込まれていき、自分の存在さえ危機に晒されることになる。詳しくはミステリー仕立ての小説に譲るとして、冒頭のこの場面には、臨床心理士がクライエントに初めて会う場面における緊迫感が思い起こされてきて、引用が長くなってしまった。

実際、私自身、難しいクライエントとの心理療法を開始するにあたって、「覚悟はあるのか」と、自分自身に問い質す内面の声を何度も聞いてきたような気がする。

同様に、「異様な犯罪を犯した人間の話を、そんなに至近距離で、内面の全てを聞かされる。……まるできみの中に、僕を入れていくみたいに」「僕の中の何かが、きみの中に入ってしまうかもしれない。きみの中の何かが、それによって活性化していくかもしれない。……まるで僕が、……これから死刑になる僕が、きみの中で生き続けるように。……平気なのか？」という声にも、幾度となく晒されてきた気がする。

私が心理療法のために使用している面接室は、三畳ではなく六畳強だが、もちろん間にアクリル板などあるはずもなく、至近距離で二人だけで向かい合って、さまざまなクライエントの深い内面の話を聴いている。丁度五十年になる精神科心理臨床と開業心理臨床における臨床心理士としての仕事を通して、多くはないが異様な犯罪を犯した人間の話を聴いたこともあるし、重篤な精神病と診断された人たちの（「狂気」と言われる）精神病的体験は数え切れないほど聴いてきた。世間で「厄介なモンスター（ペーシェント）」などと密かに嘲られてきた人たちの激しい怒りと恨みに満ちた話も何度も聴いてきた。しかも、ただ話を聴くだけでなく、その人たちの「こころ・からだ」の手助けをするという心理療法（カウンセリング）の仕事さえ引き受けてきた。

その仕事は、「男」が言うように、（臨床心理士が自覚できているか自覚できていないかいずれにしろ）臨床心理士の中の何かを活性化する。活性化されるものは、臨床心理士自身が心中深くに抑え込んできた怒りであったり、寂しさであったり、哀しみであったり、あるいは、長年にわたって抱えてきた罪責感であったり、無力感であったり、劣等感であったり、自己愛的野心であったり、はたまたエロス性や性欲動でもあったりする。この現象に着目したのが精神分析学の「逆転移」の考えだが、前章で、「逆転移」について、「セラピスト（臨床心理士）が負っている生まれて以来の歴史性・関係性・状況性をクライエントとの関係の間でセラピスト（臨床心理士）が繰り返し再現すること」とした。「繰り返し再現する」とは、すなわち「活性化される」ということであり、「活性化される」のは、精神分析学的に言えば、「セラピスト（臨床心理士）が負っている生まれて以来の歴史性・関係性・状況性」であり、また「歴史性・関係性・状況性」だけにとどまらず、臨床心理士の（もちろん無意識も含めた）全人格ということになろう。

　中村文則の小説の一節からこの章を始めたのは、たとえ精神分析学的立場に拠らなくても、人と人とが対面して他者の内面を知ろうとする作業に携わろうとするとき、自分自身（臨床心理士自身）の内面の何かも必然的に活性化されてしまうこと、そのことの普遍性を強調したかったからである。そのことをまったく考慮しない（考慮すべきではないとする）心理学的な立場があることは承知している。しかし、本当にそれで済まされるのだろうか。たとえ異様な犯罪を犯した人間の話ではなくても、ことに「こころ・からだ」にさまざまな深刻な問題を抱えているクライエントの話に臨床心理士が耳を傾けようとするならば、しかも相手の立場に添って共感的に耳を傾けようとするならば、それでも臨床心理士の内面に何も引き起こされず、まるでロボットのごとくに中立的機械的に話を聴くことなど可能なのだろうか。科学の名においてそれが可能だと主張することの方が、非科学的な態度に思われてならない。先にも述べたが、心理面接・心理検査・心理療法という「実験」

においては、実験者自身も実験そのものに組み込まれている排除できない要因と考えておく方が、はるかに誠実な科学的態度と思われる。すなわち、本章のテーマである、「「臨床心理士自身のこともつねに含み込んで」、クライエントの「こころ・からだ」を理解し、手助けする」という原則となる。

この小説の冒頭の場面は、人と人とが対面して他者の内面を知ろうとする作業に対する、小説家の想像力や感受性に感銘を受けるが、それを専門的職業とするわれわれ臨床心理士の方こそが、(職業的専門性と独自性として) 小説家に劣らない繊細な想像力や感受性を持っていたい。

ただし、ベテランの臨床心理士であっても、活性化されたものをすぐにどうこうできるわけではない。たとえ活性化されたことを自覚できたとしても、深く内省したり反省したりしたとしても、それで問題が処理できたり、二度とそのような過ちを犯さないわけではない。それは繰り返し繰り返し活性化され、何度でも再現されてくる。それが「逆転移」という現象であり、「無意識」というものの働きである。しかし、少なくともまずは、臨床心理士自身の内的な問題が活性化され、クライエントとの関係の中で再現されること、それを深く自覚しておく、そしてそれが回帰的、循環的にクライエントの「こころ・からだ」に影響を与えると心得ておく、そのことこそが、クライエントの「こころ・からだ」を理解し、手助けしようとするときの、不可欠な「臨床心理学的配慮」であり、「臨床心理士の仕事の方法」であろう。

二　臨床心理士自身を批判・相対化する回路を内部に持つ
――大江健三郎『晩年様式集《イン・レイト・スタイル》』を通して――

小説の話が続くことになるが、本章の「臨床心理士自身のこともつねに含み込んで」というテーマに関連して、大江健三郎『晩年様式集《イン・レイト・スタイル》』（講談社）を取り上げておく。『晩年様式集《イン・レイト・スタイル》』は、大江健三郎自身を表わすと思われる小説家「長江古義人」が、二〇一一年三月十一日の東日本大震災と福島原子力発電所の事故のカタストロフィーの中で、「最後の小説」を「晩年の様式を生きる中で」（In Late Style）書き記すものとして、『晩年様式集《イン・レイト・スタイル》』と題する小説の執筆を思い立つことから物語が始まる。

それにあわせて私は、永年迷惑をかけ続けて来た妹に託されている頼みごとを、果たしてやろうと思い付いた。ずっと四国の森のなかに住んできたやはり老年の妹が、自分と、後二人の人物はあなたに一面的な書き方で小説に描かれてきたことに不満を抱いている、といって来ていた。わたしたちは「三人の女たち」というグループを形成して、それぞれあなたの小説への反論として書いたものを見せ合っている。これまではただそれを書き、確実な読み手を二人ずつ持つことで満足してきたが、あなたが「最後の小説」といったようなことを（幾度も聞いた気はするけれど、七十代半ばを過ぎて、それがナントカから出たマコトになるかも知れない時に）また言い出しているのであり、少なくともあなたが自分のそれを書きあげる前に、わたしたちの書いたものを読んでもらいたい。そこであなたに送ろうということになった。どうだろうか？（大江健三郎『晩年様式集《イン・レイト・スタイル》』講談社、十〜十一頁）

こうして、作家の妹（「アサ」）、妻（「千樫」）、娘（「真木」）の三人の女たちによって、これまでの作家への批判や不満を書き記した『「晩年様式集《イン・レイト・スタイル》」＋α』と題した私家版の雑誌が作られることになり、そこでの文章が、『晩年様式集《イン・レイト・スタイル》』の中に「三人の女たちによる別の話」として組み込まれるという、複雑な入れ子構造になっている。

そして、障碍を持つ息子を始めとする家族をモデルにして、これまで作家が描いてきた『空の怪物アグイー』『個人的な体験』『同時代ゲーム』『懐かしい年への手紙』『水死』などの（実際に刊行された大江健三郎の）小説に対して、三人の女性の厳しい批判や不満が容赦なく述べられ、作家の家族に対する圧政と欺瞞とが暴かれることになる。

パパはこれまで性懲りもなく三十年、四十年と書き続けて、読者の関心をあらかた失っている老作家の古めかしい繰り返しをヒンシュクされることもあった。それが「三・一一後」の非常時だということでやっと気に掛かって、娘に編集させる私家版の雑誌でまず身内の反応をうかがおうとしたとすれば、何という保身術だろう？（同右一七九〜一八〇頁）

真木は、圧政をやり返す罵声を発しているようだけれど、それこそ真情こめての悲鳴なんです。真木は、あなたの文章に対しても「三人の女たち」の文章についても、「三・一一後」、社会の全体がどのような危機にあるか、一般的な市民感情を反映していないという。（中略）／このように家族まで巻き込み、それも印刷じゃ遅いといわんばかりにコピイを綴じ合わせた雑誌を作るなら、緊急に伝えたいことこそを表現してもらいたい。（同右一八〇頁）

七十半ばを超えて「知識人」とかいわれたりもする人間が、何のザマかと思いますが、あなたはこういう言葉を、あれだけ真面目に仕事を続けてくれて来た真木に向けたのです。一杯や二杯じゃなくて、おおいにカタムケていましたか？　わたしに今わかっているのは、あなたのこねたそのダダが、真木をうつに押し込めたことです。（同右一八二頁）

小説を読みながら、小説家の巧みな企みに惑わされ、小説家の家族が実際に語っているようにふと思いこんでしまうが（実際にも語られているかも知れないが）、これは、あくまでも、大江健三郎という小説家が、自身に重なる小説の主人公である「長江古義人」という人物を借りて（騙って）、小説の登場人物としての妹「アサ」、妻「千樫」、娘「真木」に、「長江古義人」を激しく批判し、告発させている小説であり、そのこと自体の文学的なカムフラージュさえ、小説家は、娘「真木」に次のように批判させている。

パパは自分の家庭を基盤にして、個人的なことから社会的なことまで小説にして来た。長年そうやっているものだから、時どきそのこと自体を弁解したくなるのらしい。例をあげるなら、小説論的にいえば、と書きそえることで。つまり小説という形式に責任をとらせて……（同右一二〇頁）

どこまでが作家・大江健三郎のことであり、どこまでが小説の中の作家・「長江古義人」のことか、読者は混乱し、惑わされ、ときに不用意に同一人物と思い込んでしまったりもする。しかし、ここで問題にしようとしているのは、文学的なカムフラージュの問題ではない。自身がこれまで書いてきた小説さえも槍玉に挙げて、自分自身の作家としての営みに対して、そしてモデルにされてきた家族の不満や傷つきに対して、（自身への辛らつな皮肉やユーモアを交えて）想像力を巡らせながら、批判的、相対的、客観的に点検しようとする、大江健三郎という小説家の、（晩年の）スタイル（様式）に対してである。

日本文学研究者である中村三春は、『晩年様式集《イン・レイト・スタイル》』について、「この小説では、一貫して古義人の「圧制」が厳しく糾弾されるのだ。しかもアサはこの「私家版の雑誌」のあり方そのものが、まず身内の反応を窺おうとする「保身術」ではないかとまで追求する。従ってこの小説における〈晩年のスタイル〉とは、それ自体を批判・相対化する回路を内部に持つことによって機能するような言説形態でもある」と述べている（「書評・大江健三郎『晩年様式集《イン・レイト・スタイル》』」『週刊読書人』二〇一四年一月三日号）。

すなわち、ここで問題にしようとするのは、中村の言う「それ自体を批判・相対化する回路を内部に持つことによって機能するような言説形態」（『週刊読書人』書評）というスタイルについてであり、同時に、この大江の晩年のスタイル（様式）と、「臨床心理士自身のこともつねに含み込んで」、クライエントを理解し、手助けする」という「臨床心理士の仕事の方法」との共通性についてである。

われわれ臨床心理士自身も、心理面接や心理療法などのクライエントとの共同作業に関して、臨床心理士の態度や価値観、人間観、人生観、その性格や劣等感や優越感、コンプレックスや無意識的な囚われなどが、いかにクライエントに影響を及ぼし、ときにクライエントを傷つけ、不満をもたらしているかについて、「それ自体を批判・相対化する回路を内部に持つことによって機能する」ような方法論を、「臨床心理士の仕事の方法」として持っていなくてはならないのだろう。この方法論に関しては私自身も、「夢分析による心理療法」を受けられたクライエントにコメントをお願いして、大江の小説の中の「三人の女たちによる別の話」のごとく、私の解釈に併記することを試みている（川辺恵理子「川辺恵理子さんのコメント」『夢が語るこころの深み』岩波書店・黒川紀代子「クライエント黒川紀代子さんのコメント」『私説・臨床心理学の方法』金剛出版）。そしてそこで、私自身も予想できていなかったクライエントの率直な不満や怒りに向き合わされることにもなったが、しかしこのようなクライエントと臨床心理士との率直で自由な相互対話が（もしくはそれにできる限り近づこうと努めることが）、心理療法を進めていくうえで、とても重要に思われる。

三 自分自身をモニターし続ける

「それ自体を批判・相対化する回路を内部に持つ」とは、言葉を換えれば、臨床心理士がその仕事に携わるにあたって、「自分自身をモニターし続ける」回路ないし機能をつねに持ち続けるということである。

臨床心理士は、心理面接にしろ心理検査にしろ心理療法（カウンセリング）にしろ、その仕事を進めるにあたって、クライエントの言葉に丁寧に耳を傾け、クライエントの「こころ・からだ」を理解しようと努めながら、同時に、そこでクライエントが体験しているであろうことについて、あれこれ想像し、考えを巡らせ続けなくてはならない。具体的には、第一には「クライエントは心理面接・心理検査・心理療法をどう体験しているのかについて」、第二には「クライエントは臨床心理士をどう体験しているのか」について、第三には「クライエントと臨床心理士との関係の中で何が生じているのか」について、そして第四には「臨床心理士自身の中に何が引き起こされているのか」について、（モニターカメラによって自身（の頭の中を）を監視、観察するごとく）モニターし続けなくてはならない（『私説・臨床心理学の方法』）。

第一の「クライエントは心理面接・心理検査・心理療法をどう体験しているのか」については、本章のテーマとは直接には関係しないが、クライエントが心理面接・心理検査・心理療法などに対して体験しているであろう不安、疑問、怖れ、緊張、あるいは期待や幻想などについて、できる限り思いを馳せていなくてはならないし、必要があればオープンな態度で尋ねてみたり、話題にできたりするとよい。私自身は、初回面接後の最初の面接（第二回の面接）の冒頭において、「先回初めてここでの面接を受けられたわけですが、何か疑問に思ったり不安に感じたりすることはなかったですか」と話を向けることが多い。不安や疑問が口にされれば、それを率直に表現してくれたことを評価しながら、なるべく丁寧にクライエントの不安や疑問に応えておく。また、もしもそこでクライエントが「何も疑問や不安はありませんでした。よく話を聴いていただけました」と答えたとしても、「心理面接（心理療法・カウンセリング）という作業を進めていくためには、その間に感じられた不安や疑問を率直に話し合ってくことも、とても大切な作業ですから、それを感じられたら、ちょっとしたことでいいですから、なるべく遠慮せずに尋ねたり言葉にするように努めてくださいい」などと言うようにしている。

本節のテーマである、臨床心理士が「自分自身をモニターし続ける」機能に関しては、とくに、第二、第三、第四が課題になってくる。

第二の「クライエントは臨床心理士をどのように体験しているか」については、第一の問題とも重なっているが、臨床心理士の自分自身に関することであり、よりモニターの機能が必要になってくる。臨床心理士に対してクライエントがどのように感じているのか、例えば、圧倒されるような恐れや緊張を感じているのか、すがりつきたいほどの依存的な気持ちに囚われているのか、（臨床心理士を）見下してなめてかかろうとしているのか、完璧で偉大な「父」や「母」の姿を見ようとしているのか、などなどについて、臨床心理士はできる限りクライエントの目に映っている(と思われる)自分自身の姿をモニターし続けておく。ただし、注意しておかなくてはならないのは、往々にして、クライエントが実際に体験していることと、臨床心理士によってモニターされていることとが、ずれている、ときとするとまるで正反対のこともあるので、臨床心理士はそれをよく理解しておく。具体的には、臨床心理士側からするとクライエントは臨床心理士のことを馬鹿にして見下しているとモニターされても、クライエント自身は、案外、非常に緊張しておどおどしていることもある。

第二の課題としてモニターされたことは、どうしても必要があればクライエントと話し合うことになるが、多くの場合は、臨床心理士がそれを自覚し、モニターし続けるだけでよいであろう。ただ、臨床心理士としては、そのようにモニターされたことは、クライエントの「歴史性」「関係性」「状況性」に何らかの要因があるのであろうと推察すると共に、そうした「歴史性」「関係性」「状況性」が臨床心理士とクライエントとの治療関係の中で再現されているのではないか、要するに「転移」として出現しているのではないかと考えておく。すなわち、第三の課題である「クライエントと臨床心理士との関係の中で何が生じているのか」の問題に足を踏み入れていくことになる。前述したように、「転移」とは、「クライエントが負っている生まれて以来の歴史性・関係性・状況性をセラピスト(臨床心理士)との関係の間でクライエントが繰り返し再現すること」としたが、これを臨床心理士がモニターし続けなくてはならないのは、一部に見られるような精神分析学的、臨床心理学的な「言葉遊び・解釈遊び」をするためでは毛頭ない。クライエントと臨床心理士との関係の中で生じてくる基本的な「関係性」の再現を通して、クライエントを支配し続けている反復強迫的な対人関係のあり方を少しずつでも修正、修復する課題や目標が、そこに見えてくるからである。分かりやすい例だが、幼少期以来両親を始めとして周囲の他者との関係の中で圧倒される恐れや強い緊張をつねに感じ続け、それがパターン化してしまったクライエントであれば、臨床心理士との関係においても、当然のことに、圧倒される恐れや強い緊張を感じて（再現して）、なかなか自由に自然に振る舞うことは難しかろう。しかし、（心理療法やカウンセリングによる）臨床心理士との共同作業を通して、クライエントは内的な不安や緊張を少しずつ克服していく中で、まずは臨床心理士との（この場での）関係においてこそ、「自分自身が感じたこと、思ったことは、（言葉として表現する限りは）他者に向かって自由に率直に表現してよいこと」、「しかしその言葉にしてもできるだけ他者に伝わる言葉に徐々に洗練させていけるとよいこと」、「言葉以外のイメージや身体を通した創造的な表現も少しずつ身に付けられるとよいこと」などを身をもって学び、それまでの人生を支配してきた強迫的な対人関係のあり方を、修正、修復していくことになる。

ただし、この第三の課題を臨床心理士がクライエントとの共同作業によって遂行していくためには、もう一人の当事者である臨床心理士が自分自身の（反復強迫的な）対人関係の問題を、できる限り克服していないといけない。何故なら、臨床心理士自身が少しでも自由で自然な対人関係のあり方を身に付けていないと、まるで歪んだ型枠によって形成するごとく、クライエントをより自然で自由な対人関係へと導き入れることが困難になってしまうからである。自身の対人関係の歪みを完全に克服しているなどとは到底無理にしても、少なくとも臨床心理士は、日常的には稀な、ときには非常に深い対人関係をクライエントとの間で持つことに際して、どのような反応が自身に生じやすいか、どのような自身の歪みが出やすいのかを、できる限り自覚しておかなくてはならない。そして、それが、第四の課題である「臨床心理士自身の中に何が引き起こされているのか」をモニターし続ける作業となる。注意を促しておくが、どのような感情や衝動や欲求が臨床心理士の中に生じてきたとしても、すぐに「反省する」のではなく、とにかくまずは「モニターし続ける」ことである。臨床心理士が神経症的防衛から自由になっていれば、むしろ、クライエントと深い関係を持てば持つほど、臨床心理士の中にさまざまな感情や衝動が引き起こされてくる。それはときには、クライエントに対する怒りであったり、嫌悪感であったり、恐怖心であったり、不気味さであったり、また、性的な欲望であったり、恋愛感情であったり、愛着であったり、幼児のごとくに保護してやりたい気持ちであったりする。しかし、そのような自分自身が直視したくないような感情や不安であったとしても、まずはそれをそのままに「モニターし続ける」。できれば、そのままの生々しい形で（面接記録の重要な一部として）言葉として書き出してみる。そして、その後で、それらの感情が生じてきた由来を考えてみる。多分、確かな答えなど見つからないであろうが、まずは、その由来としての自分自身の「歴史性」「関係性」「状況性」に対して、あれこれ考えを巡らしてみる。同時に、前章で「「投影」「投影性同一視」という見方」として述べたように、そのような感情を臨床心理士に引き起こさせるクライエントの問題としても、あれこれ考えてみる。ただこれらの作業は、「無意識」の領域に入り込むこともあって、臨床心理士が自分一人で行なうことは極めて難しい。よって、次節以下で述べる、他の臨床心理士や精神科医などによる「スーパービジョン」や「教育分析」の力を借りることになる。

四　「スーパービジョン」という方法

実際に面接場面をビデオカメラでモニターして訓練する方法もあることはあるが、実際的には難しいこともあって、前節の「自分自身をモニターし続ける」有効な訓練方法として、もっとも用いられているのは「スーパービジョン（supervision）」という方法であろう。

「スーパービジョン」は、辞書的には「監督・指揮・監視・管理・指導」などと訳されたりするが、臨床心理士の世界で使用する場合は、「助言」がより適切な気がする。第二章でも触れたが、「クライエントと直接かかわることを通して」、クライエントの「こころ・からだ」を理解し、手助けする」を、「臨床心理士の仕事の方法」としたように、「スーパービジョン」をする立場の者（スーパーバイザー）は、実際のクライエントの姿、態度や表情、他者とのかかわりの仕方や雰囲気などを直には知らないままに憶測で理解している危険性が強くあるから、一方的な「監督・指導」ではなく「助言」と心得ておいた方が無難である。

この「スーパービジョン」は、現在の日本の臨床心理士の訓練・指導方法として、もっとも一般的に行なわれているものであろう。もちろん「スーパービジョン」は、単に「自分自身をモニターし続ける」訓練のためだけでない。心理面接・心理検査・心理療法（カウンセリング）などを現場で実施した臨床心理士（またはその訓練生）に対して、より臨床経験が豊かで実践的理論的にも優れた上位の臨床心理士（もしくは精神科医）が、心理面接・心理検査・心理療法の内容について、一緒に考え、点検し、助言し、指導する教育方法である。具体的には、心理検査であれば、臨床現場でクライエントに実施した実践例について、臨床心理士の検査態度・姿勢・倫理、心理検査の正しい実施方法・資料の整理方法・解釈方法、心理検査の結果を他の臨床心理士や精神科医や教師などに伝える報告の仕方や報告書の書き方、ことに検査を受けたクライエント自身に対してどのように伝えるのか（フィードバックするのか）などを巡って、点検し、助言し、指導する。また心理面接や心理療法（カウンセリング）であれば、臨床実践例のできる限り逐語的な記録をもとにして、クライエントに臨むときの態度・姿勢・倫理、クライエントへの応答や聴き方・言葉がけ、クライエントの総体的な「こころ・からだ」の理解と見立て、その一部としての査定・病態水準の判定や診断、心理面接や心理療法の方向付けや目標などを巡って、スーパーバイザーの指導、助言を受ける。それと同時に、前節のテーマである臨床心理士がクライエントと会っていてつねにモニターすべき内容である「クライエントは心理面接・心理検査・心理療法をどう体験しているのか」「クライエントは臨床心理士をどう体験しているのか」「クライエントと臨床心理士との関係の中で何が生じているのか」「臨床心理士自身の中に何が引き起こされているのか」についても、スーパーバイザーの力も借りて、振り返り、思いを巡らし、自らの臨床実践行為を点検する。

こうした「スーパービジョン」という訓練方法をより実りのあるものにするには、心理検査も含めて、その実施の最初から最後までのできる限り逐語的な詳細な記録を用意することが望ましい。これは時間や労力を必要とするし、また非常に難しいことではある。しかし、それを準備すること自体が臨床心理士の訓練としてとても役に立つので、とくに資格取得後五年目までぐらいの（本当は十年と言いたいのだが）フレッシュな臨床心理士は、必ず「スーパービジョン」を受けると共に、詳細な記録を作るように努めてほしい。また、この記録として、クライエントが語ったことと、臨床心理士が応じたこととの、逐語的な詳細な記録はもとより、それに加えて、外から見たクライエントの様子、態度、表情、服装などの記録と、心理面接・心理療法を実施している最中に臨床心理士が主観的に体験していることについても、できる限り詳しく書くようにしたい。最後の点については、例えば、「クライエントの話を聴きながら、自分にはどうにもできない無力感を強く感じて、自分自身も元気がなくなって落ち込んできてしまった」とか「クライエントの挑発的な物言いに、だんだんイライラしてきて、そんなに文句があるなら、もう心理療法には来なくてもいいと言ってやりたくなった」などと、自分の中に生じた気持ちなどをなるべく正直に書く。すなわち、第一に「クライエントが語ったこと」、第二に「臨床心理士（セラピスト）自身が語ったこと」、第三に「クライエントの客観的様子」、第四に「面接中に臨床心理士自身の心中に引き起こされた感情など」の四点は、心理面接・心理療法の記録として（できれば心理検査も含めて）、必ず（しかもできるだけ詳しく）書くようにしたい。もちろん、何度も言っているように、臨床現場の仕事は、理想通りにできるわけもなく、私にも経験があるがときにはほんの数行の記録で済まさなくてはならないこともあろう。しかし少なくとも、「スーパービジョン」を受けるケースは、自分自身の訓練、研修のために、なるべく詳細な記録を作っておきたい。

少し余談になるが、「スーパービジョン」で指導、助言をするスーパーバイザー側の人に、一言言っておく。「スーパービジョン」を行なう上でもっとも大切なことは、言うまでもなく、クライエントの手助けの役に立つかどうか、あるいはクライエントと臨床心理士（スーパーバイジー）との治療関係（援助関係）の役に立つかどうかということである。いくら実践的にも理論的にも正しい指導や助言だとしても、あるいはいくら臨床心理士の対応が未熟なものであったとしても、スーパーバイザーの助言や指導が、クライエントと臨床心理士との関係を損ねたり、悪影響を及ぼしたりしたら、何にもならない。ときどき私の耳にも入ってくることだが、また私自身も重々自戒しなくてはならないことだが、スーパーバイザーに厳しく批判されたり叱られたりして、臨床心理士が自信をなくしたり途方に暮れてしまった結果、クライエントとの援助・治療関係にも重大な悪影響を与えて、かえって手助けを妨げてしまっていることがある。そしてそれによって傷つき、持っている力を充分に発揮できないでいる臨床心理士は、案外、多くいる気がする。スーパーバイザーとしては、何よりもまず、クライエントと臨床心理士との関係を支える（抱える）役を担っていること、クライエントを手助けする臨床心理士を手助けしている役割であること、という自覚を持っていたい。

五　「教育分析」について

「スーパービジョン」を通しても臨床心理士自身の内的な問題は重要な課題になるが、やはりケースに付随しての副次的なことであり、真正面から自分自身の問題に取り組もうとすると、「教育分析」ということになる。

ただ、この「教育分析」に関しては、臨床心理士や精神科医の間でもその理解に幅があるので、少し整理しておく。

周知のように、精神分析学の世界でフロイトに対して「教育分析」の必要性を唱えたのは、ユングである。ユングは次のように述べている。

あらゆる激情を鎮静させることがまず第一とかんがえる医者は、自分自身のうちにひそむあらゆる激情を鎮静させおわせていなければならない。また、すべてを意識の面にのぼせることがいちばん大事とかんがえる医者は、みずから、自分自身についての意識を獲得していなければならない。もしくは、患者に正しくはたらきかけるという自信をえようとすれば、医者たるもの、すくなくとも、つねづね、自分が患者に命ずるとおなじだけのことを自分でもやってのけるよう努力しなければならない。治療心理学における、これらもろもろの指導理念は、すべて、かなりの程度の倫理的要請であり、それらをただ一つの真理に要約すれば、〝なんじは、なんじが他人に対してそう見えようとおもっているところのものでなければならない〟ということに尽きるのである。（高橋義孝他訳「近代精神治療学の諸問題」『現代人のたましい』日本教文社）

そして、言葉を継いで、ユングは、「教育分析」の必要性について語る。

（分析心理学は）それぞれの医者が信じている治療法が、鉾先を転じて、その医者自身に適用されることを要求している。しかもその際、万事は医者が患者に対してしめすのとおなじ非情と徹底性と忍耐とをもっておこなわなければならない。神経科の医者が、患者のおかす誤りや邪推や小児病的な秘密などを発見しようとするばあい、どれほどの注意力と冷静な判断とをもって患者の言動を追わなければならないかをかんがえると、これとおなじことを自分自身に対しておこなうということは、医者にとって、事実、決して軽い負担ではない。大抵のばあい、自分自身なんぞというものは、あまり興味のある存在ではないことは周知のとおりであるし、また、医者が、自分自身の内部をどれほど熱心にみつめたところで、その労に対して報酬をはらってくれる人はだれひとり出てきはしない。そのうえ、人間の心の実相というものは、いまだに、各方面の人々の軽蔑の対象になっているもので、自分自身を観察したりいろいろしらべたりすることすら、すでに病的だとみなされかねないありさまである。あきらかに人間は、すべて、自分自身の心のなかにはなにかしら病的なものがあるということを嗅ぎつけているのである。それゆえにこそ、自分自身の心の奥底を調べると聞いただけで、もう病室を連想するのだ。医者たるものは、自分自身の心にもひそんでいる、かかる抵抗を克服しなければならない。なぜなら、教育をうけたことのないものに他人を教育できる道理はないし、自分自身の本性すらわかっていない人間が、他人の本性を解明しうるわけもなく、また、自分自身がまだ汚濁のなかにしずんでいるものが、他人を浄化できるはずもないのである。（同右）

一九三一年のユングの古い文章だが、興味のある部分でもあり、引用が長くなった。もちろん本書の文脈では、ここでの「医者」は「臨床心理士」と読み替えておいてほしい。ただ、ユングに少し異議を唱えれば、この文章からは「教育分析」さえ受ければまるで「自分自身の本性が分かり」「汚濁のなかから浮かび上がり他人を浄化できる」ようなニュアンスが伝わってくるが、実際は（少しは自分自身のことが分かるようになるとしても）そんな簡単なものではなかろう。

こうした問題も含め、「教育分析」という言葉に対して、臨床心理士の世界でもかなり異なった理解があるようなので、整理しておく。

まずもっとも狭い定義としては、ユングも「それぞれの治療者が信じている治療法を自分自身に適用する」と述べているように、フロイト学派にしろユング学派にしろ、精神分析学のある学派の正統な治療法を臨床心理士自らが受けるという意味での「教育分析」である。私自身は、（かなり柔軟にだが）ユング心理学に惹かれ、大きくはユング心理学に依拠していることもあって、二人のユング派分析家から、合わせて七年間にわたって「夢分析」による「教育分析」を受けた。「夢分析」という言葉にも誤解が伴うが、自分が見た毎晩の夢を素材にして自分自身の内的な問題について分析家とあれこれ自由に話し合うという意味での「夢分析」を受けた。そこでは自らの内的な問題だけでなく、「夢分析」によるユング派の心理療法の実際のやり方、技法、態度などを身に付けることができたと共に、心理療法を受けるクライエントの不安や怖れ、緊張なども身をもって体験できたことは、大きな収穫であった。もしもある学派の立場に依拠しようと考えが定まっているとしたら、やはりその学派の正統な「教育分析」を受けるべきであろう。河合隼雄は「自分自身の経験をもたず、〝精神分析〟の技法を〝適用〟などされると、クライエントの方がたまったものではない」と述べているが（「総論：技法論」河合隼雄他編『臨床心理学体系第９巻心理療法３』金子書房）、このことは「精神分析」や「分析心理学」に限らず、「認知行動療法」などその他の心理療法についても同様であり、是非自らも経験しておいてほしい。また、この場合、学派による資格問題も絡んでくるので、できることなら、その学派の正統な資格を持った分析家から受けるのが望ましかろう。

ただ、多くの臨床心理士が望んでいるのは、「教育分析」という言葉に惹かれてはいても、どうもこのような学派的な「教育分析」ではないように思われる。そうした臨床心理士には、二つのタイプがあるようである。一つは、神経症的問題にしろパーソナリティの問題にしろ精神障碍的な問題にしろ、何らかの「こころ・からだ」の問題を抱えている臨床心理士である。ある程度自分で抱えてやっていければそれはそれでよいが、その問題が臨床心理士としての仕事を遂行していくうえで差し障りがあったり、クライエントとの関係で障碍になるようであれば、やはり「教育分析」を勧めたい。この場合は「教育分析」というよりも「治療的面接（心理療法）」といった方がよいし、またそのような臨床心理士が「教育分析」という名前だけに惹かれて学派的な「教育分析」を受けると、かえって傷つけられたり、問題を悪化させたりする。このような場合には、「教育分析」という言葉に囚われるよりも、認知行動療法なども含め、自分自身が受けてみたい心理療法やその臨床家という基準で選択した方がよい。もしかすると「治療的面接（心理療法）」として受けることは、引け目に思ってしまうかも知れないが、内的な問題の解決だけでなく、臨床心理士としての確かなモデルを身近に感じることができるし、臨床心理士としての成長にもとても役立つ。

もう一つのタイプは、特別に大きな内的な問題があるわけではないが、臨床心理士としての自分に何となく自信がなかったり不安であったりして、言葉は悪いが「藁にもすがる」思いで「教育分析」を受けようとしている臨床心理士である。ときとすると、有名な（一流の）精神科医や臨床心理士に「教育分析」を受けることで、箔を付けて少しでも自信を持とうとすることもあるかも知れない。これは慎重にした方がよいように思う。かえって幻想にしがみつくことで悪影響が出たり、厳しい指導が外傷体験になったりすることもある（若いときに教条的な精神分析的教育分析を受けて、その反動で（分析家への処理されていない怒りから）認知行動療法家に転身した例を、稀ならず耳にする）。

あくまでも私見だが、学派的な方向性が定まっていてその教育としての「教育分析」とか、自分自身の内的な問題によるやむにやまれぬ必然性による「教育分析」とか、もしくは「治療的面接（心理療法）」としての「教育分析」とかを別にしたら、「教育分析」を若いうちから受けることは、あまり賛成ではない。すくなくとも臨床心理士になって十年ぐらい、あるいは四十歳になるまでぐらいは、臨床心理士の訓練、研修としては、「教育分析」より「スーパービジョン」の方を勧めたい。この間は、「スーパービジョン」を通して一つ一つのケースに対する自身の臨床実践を丁寧に点検し、スーパーバイザーの助言、指導を受けながら、まずは臨床心理士（臨床家）としてクライエントの「こころ・からだ」の理解とその手助けの方法を習得する。本書がテーマとする「臨床心理士の仕事の方法」、すなわち「臨床心理学的に配慮されたアプローチ」の八つの原則が、その道標・案内標として役立ってくれれば嬉しい。

そして、そのような研修や訓練を受けながら、だんだんと自分自身が依拠しようとする学派的な方向性が定まってきたら、その学派の「教育分析」を受ければよい。あるいは、研修、訓練を深めていく中で、自分自身の内的な問題を巡って、どうしても乗り越えられない大きな「壁」が立ち塞がっていると感じたり、深刻な無力感、挫折感に囚われたりなどしたときは、「教育分析」もしくは「治療的面接（心理療法）」を受けたらよい。多分、多くの臨床心理士にあって、資格取得後、臨床経験を十年ぐらい積んだ頃は、年齢的にも青年期から中年期を迎えようとすることもあって、ある「壁」にぶつかったり、これまでにない無力感、挫折感を味わったり、抑うつや空虚感などに陥ったりすることが、珍しくない。大きく言ってしまえば「中年期危機」ということだが、援助にかかわる他の職業人と同様、他者のために役立とうとする役割意識が臨床心理士には強いために、その「中年危機」も深刻なことがある。しかし、容易なことではないが、「人生の午前」から「人生の午後」への途上においてほとんど必然的に立ち現われる、この険しい「壁」をどう乗り越えるかによって、その後の臨床心理士としての成長、成熟も変わってこよう。周囲の臨床心理士を見ていると、四十代半ばから五十代にかけて、いくつかの分かれ道があるようである。

六　臨床心理士の中年期危機

臨床心理士の中年期危機は、次のような分岐を辿るように思われる。

一つは、停滞と諦めの道である。十年ぐらい経験を積んでくると、確かな手応えはないにしても、クライエントにそれなりに対応できるようになり、心理検査にしても心理療法（カウンセリング）にしてもそれなりにこなすことができるようになる。しかしその先のそれ以上の修行プロセス、成熟プロセスといったものは誰にとってもはっきりしたものがあるわけではないので、何となくこんなものだと安住したり、面倒で地道な研修、修練を怠ったり、自分自身に諦めたりして、惰性的に仕事を続けながら初老期、老年期へと入っていく臨床心理士である。

二つには、一つ目とも重なり合うが、若い頃はむしろ一生懸命に努力し、少しでもクライエントの手助けの役に立つようにと心理検査や心理療法の研修や勉強に頑張ってきたのだが、クライエントの「こころ・からだ」を手助けすることの複雑さ、厄介さ、はっきりできなさの前に、目標や方向性を見失い、だんだんと消耗し、疲労困憊して、無力感、抑うつ感、空虚感を抱えながら中年期から初老期を迎えようとする臨床心理士である。ときにはバーンアウトや自殺の危機やうつ病の発症に晒されたりする。熱心で、人の役に立とうとする思いの強い臨床心理士にはこの傾向がとくにあるようである。ユングは第一と第二の両方を共に視野に入れて、「アニマを失った状態」などと表現しているが（林道義訳『元型論』（増補改訂版）紀伊國屋書店）、これらは臨床心理士に限らず、ほとんどの職業人につきまとう「人生の午後」の大きな課題であろう。

三つには、一つ目、二つ目と裏腹の関係にあるようだが、安易な自信と自己満足の道である。この中には、若いうちに「教育分析」を受けたり教条的なモデルを持ったことが、かえって形骸的で硬直した自己愛対象になっていて、それでやっと自分を支えている例もあるようだが、四十歳を過ぎた頃から、臨床心理士としての自分に自信を得て、クライエントの手助けはこの方法でよい、臨床心理士はこうあるべきだなどと確信を持って、クライエントに対応している臨床心理士である。大学教員としてのポストを得た臨床心理士などにはこの傾向がみられるが、次章で「依拠する臨床心理学の理論や方法を信頼し、かつ疑うことも忘れずに」をテーマとするように、クライエントの「こころ・からだ」を理解し、手助けする仕事においては、確信や自己満足は、往々にして危険な落とし穴になりかねない。それは、無力感や抑うつ感に対する躁的防衛としても、臨床心理士に現われやすい。臨床心理士としての臨床経験を積むことで、それなりの自信と安定は必要だが、改めてユングの「この作業をおこなうには、自信のないのがいちばん安全といったような、あぶなっかしい場所を歩いているのだということを、片時も忘れてはなりません」（江野専次郎訳『こころの構造』日本教文社）という言葉を胸に刻んでおきたい。

そして、残された第四の道は、こうした無力感と自己満足との間で綱渡り的に揺り動かされながらも、一人一人のクライエントの理解と手助けのために、愚直で誠実な心理臨床実践を、停滞せず安住せず少しでも腕を上げようと、粘り強く続ける臨床心理士の職人的人生である。

臨床心理士は、クライエントの「こころ・からだ」という非常に微妙な問題を扱い続けるだけに、まさそしてそれによって自分自身の「こころ・からだ」の問題に直面しなければならないだけに、まさにユングが言うような「危なっかしい場所」を、すなわち片側は「停滞と諦めの谷」もしくは「無力感・抑うつの谷」、もう一方は「自己満足・独善の谷」、という危険な細い尾根道を、臨床心理士という仕事を続ける限りは終生にわたって歩き続けなくてはならないようである。その途上では、臨床心理士という仕事に必然的につきまとう事故、災厄にも思われるが、ときとすると深い谷底にまで滑落し、死の危機に瀕し、やっとの思いで再び尾根道までよじ登って再生を果たした人も少なくなかろう。もしかするとそのまま死に絶えたり、出口の見えない深い谷底を彷徨い続けている臨床心理士もいるかも知れない（「おまえは違うと言えるのか！」という声が聞こえてくる）。臨床心理士は、それぞれにさまざまな内的な問題を自ら抱えつつも、クライエントと呼ばれる方たちの「こころ・からだ」の問題を少しでも丁寧に理解し、少しでもよりよい手助けをと四苦八苦しながら、決して諦めることなく、ときに無力感の厳しい風雨に晒されたり、またときには自己満足の甘い香りによろめきつつ、絶妙なバランスを保って、細い危険な尾根道をひたすら歩き続けなくてはならない。何とも厄介なことである。

そして、その危険な尾根道を終生にわたって歩き続けるためには、これはとくにユング心理学の立場からの物言いになるかも知れないが、中年期から老年期に向かっての臨床心理士の課題としても、また「人生の午後」の課題としても、この時期にこそ、地道で愚直な臨床実践を続けながら、「教育分析」と呼ぶかどうかはともかくとしても、自分自身をより深く知るために「教育分析」を受けることは、とても意味があるように思われる。その作業を、ユングは、「自分自身をその哀れむべきありのままの姿において受け入れる」極めて困難な作業であると、次のように言う。

近代心理学の助けを得て自分の患者の舞台裏だけでなく、自分自身のそれをも覗いてしまった者――これを行なった者こそ、心理療法家であり、分からず屋の詐欺師ではありません――は、自分自身をその哀れむべきありのままの姿において受け入れることがもっとも困難であり、否、不可能ですらあるということを認めるにちがいありません。そのことを考えるだけでも冷汗が出てきます。だからこそ人は、単純なことより複雑なこと、すなわち、自分自身に関しては無知なまま、他人、および他人の困難な問題と罪にせっせと気をもむ方をよろこんで、そしてためらいなく選ぶのです。そうすることで目に見える徳がちらつき、これが他の人々にも自分自身にも善行をしているかのような錯覚を生むのです。有難いことに、どうにか人は自分自身から逃れたのです！（村本詔司訳『心理学と宗教』人文書院）

「汝自身を知れ」は、デルポイのアポロン神殿に掲げられた格言のようだが、クライエントの「こころ・からだ」を理解し、手助けしようとする臨床心理士にとっても、「汝自身を知れ」は、終生の課題なのであろう。それが不可能なほど難しい作業であるからこそ、「自分自身に関しては無知なまま、他人、および他人の困難な問題と罪にせっせと気をもむ方をよろこんで、そしてためらいなく選ぶ」のであろう。ごく一部の者ではあるにしても、マスコミの世界における、あまりにお節介で、訳知り顔で、無神経な臨床心理士や精神科医の言動を思い浮かべてしまう。

ユングが言う意味での「自己（セルフ）」を〈私〉、意識的現実的に自覚できる自分を「私」、無意識的深層的な自分や他者や現実的な状況などを「私ならざるもの」と表記して、「自己実現」ということの課題について、「もしも〈私〉を求めるのであれば、人生の最後の最後まで、「私」と「私ならざるもの」との対立の苦しみの中から――できればその苦しみの中にもときには「私」と「私ならざるもの」との結合の歓びを体験できる恵みを得ながら――〈私〉を探し続けよ」と述べたことがある（渡辺雄三『自己実現と心理療法――夢による〈私〉の探求』創元社）。ここでの「「私」と「私ならざるもの」との対立の苦しみ」とは、本書の文脈で言い直せば、「「臨床心理士」と「クライエント」との対立の苦しみ」ということになるが、「「臨床心理上」と「クライエント」との対立の苦しみの中から終生にわたって真の「臨床心理士であること」を探し求め続ける作業」は、臨床心理士としての生涯の職人的課題であるように思われる。

なお個人的なことだが、ユング心理学について、一般的には「普遍的無意識」とか「自己実現」とか「元型」とか「アニマ・アニムス」といった考えに惹かれる人が多い。それにも強い関心はあるものの、しかし私には、この言葉や先にも引用した「自信のないのがいちばん安全」などといった言葉に見られる臨床家としてのユングの繊細な感覚が、ことに魅力的に感じられる（渡辺雄三「臨床家ユングにおける夢分析」『夢の物語と心理療法』岩波書店）。

第七章　「依拠する臨床心理学の理論や方法を信頼し、かつ疑うことも忘れずに」、クライエントの「こころ・からだ」を理解し、手助けする

「臨床心理士の仕事の方法」としての「臨床心理学的に配慮されたアプローチ」の第七の原則を、「「依拠する臨床心理学の理論や方法を信頼し、かつ疑うことも忘れずに」、クライエントの「こころ・からだ」を理解し、手助けする」とした。この原則の名称は、武野俊弥の引用によるグッゲンビュール＝クレイグ（Guggenbuhl-Craig, A.）の「われわれ精神療法家（心理療法家）はみずからの臨床的営為に対して、つねに信じ、かつ疑い続けねばならない」という言葉から借用した（武野俊弥『嘘を生きる人　妄想を生きる人』新曜社）。武野の書によれば、グッゲンビュール＝クレイグは、レヴィ＝ストロース（Lévi-Strauss, C.）が紹介しているシャーマン・クエサドリの事例に触発されて、「精神療法（心理療法）はいつも本物であると同時にインチキであり、われわれ臨床家は自らの精神療法をつねに信じておこないつつ、他方でそれを疑い続けなければならないと説いている」という（同右）。『私説・臨床心理学の方法』においては、この原則を「自らの臨床心理学の理論や方法を少し

冷ややかに見ながら」としたが、グッゲンビュール＝クレイグの魅力的な表現に惹かれて、このように変えてみた。

臨床心理学には、精神分析療法や認知行動療法に大きく代表されるように、さまざまな理論やその臨床的実践方法がある。しかし、人間の「こころ・からだ」という、いまだに（多分永久に）確実なことは言えない未知の世界を理解し、共感を深め、クライエントを手助けしようとする現場の臨床家として、自らの拠って立つ理論や実践方法に対して、深い信頼を寄せながらも、あくまでも「仮説」として扱う謙虚さと懐疑とが、その宙吊りの自己矛盾的な「背反性」を生き続けることが、臨床心理士には絶対に必要だと、私は考えている。本章では、「依拠する臨床心理学の理論や方法を信頼し、かつ疑うことも忘れずに」も、「臨床心理士の仕事の方法」の不可欠な原則の一つとすべきことを考えてみる。

一　ユングが創作した「小話」

前章では本題に入る前に二つの小説を紹介したが、本章でも、ユング自身が創作した「小話」をまず紹介することから始めたい。

むかしむかし変わったお爺さんがいました。彼はほら穴に住んでいましたが、それは村がそうぞうしいので、そこに引き籠っていたのです。彼は魔法使いだという評判だったので、彼から魔法を教えてもらおうと思って弟子になるものがありました。でも彼自身は魔法のようなことは少しも考えていなかったのです。彼はただ、何であるかは分からないが、しかしいつも起きていることは確かなあることについて、それが何であるかをいつも知ろうと努めていたのです。彼は考えることのできないあるものについて、ずいぶん長いあいだ考えたすえに、困りはてて、ついに赤いチョークを取って、彼のほら穴の壁にありとあらゆる図形を描いてみて、彼が分からないものがどのように見えるかを見つけ出そうとするほかはなかったのです。いろいろと試したのちに、彼は最後に円を描いてみました。『これがぴったりだ』と彼は感じました。『そしてこのなかに四角を入れよう。』そうするとなおよくなったのです。弟子たちは好奇心をもちましたが、お爺さんに何かが起こったということしか分からずに、彼が本当のところは何をしているのかどうしても知りたいと思いました。そこで彼らはお爺さんに尋ねました。『先生はそこで何をなさっているのですか?』しかし彼は何も言いませんでした。彼らは壁の絵を発見して言いました。『これだ!』そして彼らはその絵を真似て描きました。しかしそうすることによって彼らは、それとは知らずに、過程全体を逆転したのです。彼らは結果を先取りして、それによってまさにその結果をもたらした過程をも掴み取りたいと思ったのです。昔はそういう具合だったのですが、今でも同じようなものですね。（林道義訳『個性化とマンダラ』みすず書房、二二五～二二六頁）

ユング心理学を絶対化しようとすることに対する、ユングの痛烈な皮肉とユーモアが伝わってくるが、自身が長年にわたって積み上げてきた心理学に対して、このように表現できるユングに、私はとても魅力を感じる。「今でも同じようなものですね」には、ユングとユング心理学を祭り上げようとする周囲に対する、ユングの苛立ちが伝わってくるようである。

この「小話」では、とくにユングの言う「自己」や「自己実現」のことが問題にされているようだが、しかし、ここでは広く、「何であるかは分からないが、しかしいつも起きていることは確かなること」を、人間の「こころ・からだ」の現象として、そして「彼は考えることのできないあるものについて、ずいぶん長いあいだ考えたすえに、困りはてて、ついに赤いチョークを取って、彼のほら穴の壁にありとあらゆる図形を描いてみて、彼が分からないものがどのように見えるかを見つけ出そうとするほかはなかったのです」を、「こころ・からだ」の現象に対する多様な臨床心理学的理論や方法と解しておいても、ユングの意に大きく反することはなかろう。

師の教えを絶対化しようとするのは、何もユング心理学に限ったことではない。精神分析学にとどまらず、あらゆる臨床心理学的理論や方法について、（師の振る舞いにもよるが）創造的な心理学者の弟子たちは、「過程全体を逆転し、結果を先取りして」結果だけを後生大事に押し頂いて、「真実」として扱いがちになる。「こころ・からだ」の、そしてその対処法（治療法）の、不可解さ、複雑さに対して、先人たちが悪戦苦闘して考え出した（これがぴったりだと感じた）それぞれの見方、考え方を、弟子たちは「これだ！」と結果だけを取り出して、あくまでも臨床的な実践感覚であったり、クライエントとの相互関係の中で生み出された「仮説」であったりしたものを、普遍的な「真実」（聖典）として押し頂くことになる。しかも、あるクライエントとの特殊な相互関係の中では、「こころ・からだ」に奇跡的な効果を生じることもあって、往々にして魔法使い・救い主・教祖などが投影されて、師の教えが絶対化されやすい（「小話」に見られるようにそのことを誰よりも苦々しく不愉快に思っていたのはユング自身であろう）。

その結果として、まるで宗教団体のような教条的な学派が形成され、フロイトが正しいのかユングが正しいのか、精神分析療法が正しいのか認知行動療法が正しいのか、などといった不毛な戦いが弟子たちの間でいつまでも繰り広げられることになる。もちろんのこと、科学的な論争として、ことに一人一人の臨床現場のクライエントにとって、その理論や方法が、そしてそれによる手助け（心理療法）が、いかに適切であり、効果があり、役に立つかということは、綿密に論じられ、また厳しく点検され、批判もされなくてはならないことだが、しかし、人間の「こころ・からだ」の多彩な臨床心理学的現象について、ある臨床心理学的理論や方法の絶対的な優位性を主張することは、学問的にはともかく臨床的、現場的には、不毛な論争に思われる。各論・第二章で紹介したように、「エビデンス」問題への「誤解と曲解」（斉藤清二）によって、近年「うつ病には認知行動療法」などという単純な図式が横行しているが、同じレッテルを貼られた「障害（病気）」であっても一人一人のクライエントが背負う「現前性」「状況性」「歴史性」「関係性」「個体性」「希求性」はまるで異なるから、一つの「方法」の臨床的優位性など、簡単に言えることではなかろう。私の実践経験からしても、精神科医によって同じ「うつ病」と診断されていても、（内省的で情緒的な深まりを得やすいクライエントに多いが）ユング心理学的な夢分析による心理療法がとても役立った方もいるし、一方で、（発達障害的傾向を持った情緒的に深まりにくいクライエントに多いが）かなり指示的な行動療法的な手助けが功を奏した方もいる。

私自身は、ユングや河合隼雄の思想や心理学的理論に強く惹かれ、基本的にはユング心理学に依拠し、一人の個人としても臨床家としても大きな支えにしている。しかし一方で、木村敏・中井久夫らの精神病理学・精神療法学からも多大な影響を受けているし、フロイトを始めとする精神分析学からも、クライエントの理解と手助けのための重要な知見や示唆を与えられている。またときには認知行動療法的な指示、指導が役立つこともある。ユングや河合隼雄の、人間とその「こころ・からだ」に対する考えは、私の堅固な大黒柱を成してはいるものの、ただし、ユング心理学は、一人一人のクライエントに対する具体的な臨床実践方法や技法に関しては不十分な点が多いように思われる。往々にして「思想は深遠だが臨床実践はきちんとできない」ということになりかねない。その点、精神分析学は長年にわたって臨床的な方法、技法を丹念に積み上げてきたし、また重篤な精神障害のクライエントの理解と手助けに関しては、ことに日本の精神病理学　精神療法学は、世界的ともいえる秀でたレベルにあるようである。認知行動療法を含め、具体的な臨床実践に限ればとりわけ、それぞれの学派には利点も長所もあり、自分が依拠する学派とは異なるものを全否定することなど、とてもできない。

だからと言って、私の立場をいいとこ取りの寄せ木細工的「折衷主義」かと問われると、強くためられるし、否定したくなる。「バウムテスト」ではないが、臨床家としての私という樹は、ユングと河合隼雄とを揺るがない基本の太い幹と枝として成り立っているが、しかし同時に、フロイトもロジャーズもコフートもサリヴァンも、あるいは木村敏も中井久夫も、それぞれに必要かつ重要な枝葉を成している。それが臨床家としての私という樹の実際の姿である。「頑なな「教条主義」では毛頭ないが「折衷主義」でも決してない立場はあり得るのか」、「さまざまな理論や学派はそれぞれに自分の主義、主張の正当性を訴えるが、（安易な「折衷主義」ではなくて）それらは臨床現場において共存することはできないのか」、「各種の臨床的な理論や方法はどのような形なら共存できるのか」、そのような問いがぼんやりながらずっと私の中にあったのだが、二〇〇九年に我が国で翻訳刊行されたガミーの『現代精神医学原論』（村井俊哉訳、みすず書房）を読んで、目が覚める思いになった。この書において、ガミーは、ヤスパースの主張した「（方法論的）多元主義」に改めて光を当てているのだが、この「多元主義」の考えによってこそ、「こころ・からだ」に関するさまざまな理論や学派の共存と和解の道が開かれるのではないかと思われた。また、この「多元主義」によってこそ、精神科医に対する臨床心理士の専門性、独自性の確かな基盤が与えられるようにも思われた。

この「こころ・からだ」の理論と方法を巡る「多元主義」については次々節で説明することにして、その前に少し横道に逸れるが、「多元主義」を理解するうえで分かりやすい例として、次節でまず「宗教多元主義」を簡単に紹介しておくことにする。

二 「宗教多元主義」について

臨床現場において、生物学的アプローチと心理学的アプローチとは共存できるのか、あるいは精神分析療法的立場と認知行動療法的立場とは共存できるのか、といったことを考えるとき、大袈裟だと笑われるかも知れないが、まさに現代という時代における極めて重要かつ緊迫した問題であるところの（中東世界においては極めて深刻な現実的問題となっているところの）、はたしてこの世界においてキリスト教、イスラム教、仏教、ヒンズー教などを中心とする各宗教、各宗派は、平和的に共存できるのか、その共存と和解の道はどこに見出したらよいのか、という問いと重なってくるように思われる。そしてその答えの一つが、「宗教多元主義」である。

ここでは、「諸宗教の持つ真理の多元的承認を謳う」（山脇直司「多元主義」廣松渉他編『岩波哲学・思想事典』岩波書店）ヒック（Hick, J）の「宗教多元主義」を、ヒックに師事し、ヒックを我が国に紹介した間瀬啓允の解説にも頼りながら、紹介する。

ヒックは、自分自身が信仰する宗教、宗派以外の他のあらゆる宗教、宗派、信仰に対する基本的な態度として、「排他主義」「包括主義」「多元主義」の三つの選択肢があるという（間瀬啓允訳『宗教多元主義──宗教理解のパラダイム変換』法蔵館）。それによれば、第一の「排他主義」は、自分自身が信仰する宗教、宗派以外の他の宗教、宗派による「神（もしくはそれに代わるもの）」の存在を認めず、それらによる救い・解放も自らの宗教、宗派に限定するというものである。ヒックによれば、この信仰の最たる例証は、「十九世紀プロテスタント教会の海外宣教運動の主張、すなわち「キリスト教以外に救いなし」である」(同右)。第二の「包括主義」は、自分自身が信仰する宗教、宗派以外の他の宗教、宗派による「神(もしくはそれに代わるもの)」の存在や、それらよる救い・解放を、一応は許容するが、しかし、それはあくまでも自らの宗教、宗派による「神(もしくはそれに代わるもの)」による(知られざる秘かな)働きと考えるものである。ヒックによれば、それがもっともよく知られている試みは、「カール・ラナーによる「無名のキリスト教徒」という概念である。キリスト教の信仰をはっきり持っていない者であっても、意識的に、あるいは無意識的に神の意志を遂行しようと求めるものは、(自分ではそのようにみなさなくても、また自分をキリスト教徒ではなく、イスラム教徒、ユダヤ教徒、ヒンドゥ教徒、等々と主張するにしても)いわゆる名誉的なキリスト教徒とみなしうる」という考えである。この「包括主義」に対しても、ヒックは、キリスト教神学者の立場から、「キリスト教徒とはまったく異なる信仰を生きている人」について「それでもなおキリスト教のラベルを貼り付けようとするのは、以下にも空々し」く、「古い排他主義的ドグマを拭い去っていない」と批判する(同右)。そして、ヒックは、訳者の間瀬啓允の解説によれば、「排他主義であれ、包括主義であれ、そのいずれの主張も「わたしの宗教」中心主義で、他宗教はみな「わたしの宗教」の周りを回っていると考える独善主義でしかない」として「コペルニクス的転回」を図る。すなわち「(ヒックによる「多元主義」は)キリスト教中心あるいはイエス中心のモデルから、諸信仰の宇宙における神中心あるいは神的実在のモデルへのパラダイム変換を提唱しているのである。この変換がおこなわれるならば、諸々の偉大な世界宗教は、同一の神的実在に対する人間のさまざまに異なる応答を示したものとみなされることになろうし、またこれらの異なる応答は、異なる歴史的・文化的状況のなかで形成されてきたところの、異なる理解を示したものとみなされることにもなろうからである。そこで、今われわれに必要なのは、宗教理解におけるコペルニクス的転回、つまりこうしたパラダイム変換だというわけである」（間瀬啓允「訳者あとがき」『宗教多元主義』法蔵館）。

そして、間瀬は言葉を継いで、「「キリスト」中心の排他主義および包括主義に代わる第三の道は、「神」中心あるいは「神的実在」中心の多元主義である。救い・解放・悟得・見性がどの偉大な宗教的伝統においても生じつつあることを認め、したがって究極的な神的実在に対する人間の側からの応答の多様性をも素直に認めるということ、いいかえれば「わたし」中心あるいは「わたしの宗教」中心主義から解放されて、「実在」中心あるいは「われわれの神的実在」中心主義へと移行し、それゆえ「自我中心から実在中心への人間存在の変革」がどの偉大な宗教的伝統内においてもさまざまに異なるしかたで生じつつあることを認めるということ、それが宗教多元主義なのである」と語る（同右）。要するに、「宗教多元主義」とは、自分自身が信仰する宗教、宗派に深い信頼を寄せながら、同時に、それ以外のあらゆる宗教、宗派に対しても、それを信仰する出来や意味について敬意を払い、尊重する基本的態度と言える。

「諸々の偉大な世界宗教は同一の神的実在に対する人間のさまざまに異なる応答を示したもの」

という言葉からは、ユングの、「神がわたしたちに働きかけるということは、ただ、心を通じてのみ確認することができるが、その際、この働きが神からのものか、それとも、無意識からのものかは区別することができない」（村本詔司訳『心理学と宗教』人文書院）という言葉を思い出した。ここから、ユングの中に「宗教多元主義」を垣間見ることができるようである。

間瀬は、「『わたし』の宗教的体験がどんなに真実なものであっても、あるいは「わたし」の信仰の主張がどんなに固く守られているとしても、それは特定信仰の一主張として提示されるべきものであって、けっして唯一の絶対的な真理としてあってはならないだろう。信仰の主張というものは謙虚さのなかで、自分の信念の範囲内で、おこなわれるべきものであろう。真理というものはいかなる人間の手にもとどかないところにあるものだからである」と語るが（「訳者あとがき」『宗教多元主義』）、絶対的確信を伴う宗教的体験を巡っても、このように「コペルニクス的転回・パラダイム変換」が主張されるならば、なおさらのこと、人間の「こころ・からだ」の理解とその手助けに関する理論と方法を巡っても、今や「コペルニクス的転回・パラダイム変換」が要請されているのではないのか。そして、それをガミーは、ヤスパースの「（方法論的）多元主義」に改めて光を当てることによって、ことに現代の精神医学・臨床心理学を色濃く支配する「排他主義」「教条主義」あるいは「包括主義」「折衷主義」を克服しようとする。

三 ヤスパースとガミーによる「多元主義」

まず、ヤスパースの「（方法論的）多元主義」についてみておく。

ヤスパースは、「（方法論的）多元主義」の基盤を成す、人間存在を認識する意味と可能性に関する原則として、次のようなことを羅列して挙げている。

（一）〜（三）（省略）

（四）人間を探求するに際しては、我々は自分と異ったものを眺める者であるばかりでなくて、我々自身が人間なのである。他者を探求する場合には、我々自身が探求するものそのものである。何かのものを知ることだけが問題なのではなくて、我々自身の人間存在を通してのみ知を得る。（後略）

（五）全体としての人間は決して認識の対象とはならない。人間存在の組織的体系などというものはない。更に人間存在を捉えようともくろむどんな全体性を以てしても、人間そのものは我々の手を脱することに変わりはないのである。

（六）人間は常に彼が自らを知り且つ知りうる以上のものであり、他人が知る以上のものである。

（七）人間は眺望不能であり、どんな人間についても究極的綜合判断は不可能である。実践の上から、人間との交わりや社会の目的にとって何が不可避なものであるかは決定されねばならないが、この不可避なものは、今ある状況に即したものであり、現実のこの権力関係に即したものであって、行為に責任を負うものでなければならず、これは知識にのみ十分に根を持つものではない。私は人間の下に貸借対照表の罫のようなものを引いて、人間とはこれこれであるという知識で集計を試みることは決してできない。人間を客体として概観でき、彼自身を全体として研究的認識の手中に納めることができるというのは先入見である。したがって「一人一人の精神病者はくみつくせぬもので、謎と結びついているのだという意識を、たとえ見たところ極くありふれた例についても失いたくないものである」（内村祐之他訳『精神病理学総論（下巻）』岩波書店）。

訳文の関係で古くさく感じられるかもしれないが、しかし、前にも述べたように、あまりに人間というものを細分化してしまい、しかもその極度に細分化された部分的認識に基づいて逆に人間そのものが理解できたと思い込んでしまっているような、まさに「人間の下に貸借対照表の罫のようなものを引いて、人間とはこれこれであるという知識で集計を試みる」（同右）ような、現代の精神医学や臨床心理学の風潮からすると、ヤスパースの人間観は、かえってとても新鮮なものに思えてくる。

そして、こうした人間存在を認識する意味と可能性に関する基本的な原則から、ヤスパースの「（方法論的）多元主義」が生まれてくる。

精神病理学者は、二三の研究方法だけが有効なものであるとしたり、少しばかりの対象性を真の存在であるにいいふらそうと欲する絶対化に反抗せねばならない。こうして彼は生物主義や機械論や技術主義に逆らい、それがもつ妥当性の範囲を見あやまるようなことはせずに、発生的了解に味方するに至る。しかしその場合、全体において科学的知識を絶対的なものとすることに抗すべきであり、その結果根源の意識と根源の活動可能性がありのままに確保され、実地の意義はこの根源からえられるのである。その際彼は混同を排して識別の側に立ち、隔離を斥けて綜合に味方する。彼は科学と哲学を混同し医師と救い主とを混同するのに反対する。またそれと全く同じく、識別する代りに一方に味方し他方を斥けるような隔離にも反対するのである（同右）。

ヤスパースがこう述べたときからほぼ一世紀近くを経て、ますます「科学的知識を絶対的なものとする」ところの現代の精神医学の現状のなかで、ガミーは改めてヤスパースの「（方法論的）多元主義」を評価して次のように言う。

ヤスパースは、私たちの不確実さをそのまま認め、方法論的多元主義の立場を単純に支持した。（中略）フロイトの輝かしい理論化は、一定のことがらを捉えるに過ぎない。ユングの立場もそうだしアドラーのもそうだ。それらはすべて部分的真理なのである。それらを全部まとめても、人間にはまだ何かがあるように思われる——何かとは、自由なのか、魂なのか——どんな臨床的記述や理性による記述を用いても理解することができないような超越的なものが残るように思われる（村井俊哉訳『現代精神医学原論』みすず書房）。

自分が採っている方法を明晰にすることの必要性をはっきりと認識した最初の精神科医がヤスパースであったといっても誇張ではないだろう。それぞれの人は、それぞれの患者も含め、唯一無比であるということを、ヤスパースは自明のことと考えていた。さらに、それぞれの人には、それを理解しようとする試みや、その人について何らかの方法で知識を得ようとする試みを超越するような側面がある。その試みが科学的なものであったとしてもそれ以外の何かであったとしても、そうなのである。この超越性こそが、人間の自由の究極的な源泉である。そのようにヤスパースは信じていた（同右）。

ヤスパースの言葉を借用すれば、「一人一人のクライエントとその「こころ・からだ」はくみつくせぬもので、謎と結びついているのだという意識を、たとえ見たところ極くありふれた例についても失いたくないものである」ということになるが、このような人間観のもとでは、「多元主義」は必然的な方法論のように思われる。現代の精神医学を覆う、あまりに一面的な科学主義あるいは脳還元主義に対して、ガミーの著書に見られるように、その見直しの風も少し吹き始めているのかもしれない。二〇〇七年に原著が刊行されたクーパー（Cooper, R）の『精神医学の科学哲学』

（伊勢田哲治・村井俊哉監訳　名古屋大学出版会）においても、クーパーは「「精神諸科学（psycho-sciences）すなわち精神医学や心理学、精神分析、その他の関連した分野が、他の科学とは異なり、多重パラダイム的な科学であること」を論じている。「多重パラダイム（理論的枠組み）的な科学」とは、すなわち「多元主義的な科学」ということになろう。

そして、ガミーは、「臨床家に向けられた以下の質問によって、その臨床家が多元主義者となりうるかどうかを判断することができる。これらは精神保健の専門家にとっては、教条主義と折衷主義で手詰まりとなった現状を超えて進歩していけるかどうかを決定する質問である」として、次の問いを発する。「多元主義」ということがよく理解できる質問なので、ガミーが「精神医学」としたところを「臨床心理学」に置き換えて、以下に引用しておく。

——あなたは、臨床心理学に単一の包括的な理論がないという状況を許容しながら、その一方で相対主義や折衷主義を拒絶できますか？

——単一の理論が存在しない状況でも、あなたは、自分が行っていることについて概念的に明晰である必要性を受容することができますか？

——特定の病態や特定の状況においては、ある単一の方法が、それ以外のものよりも妥当であることをあなたは認めますか？

——臨床心理学における沢山の方法にはそれぞれ長所と限界があるということをあなたは認めますか？

——それぞれの方法にはそれぞれの役割があるということをあなたは認めますか？
——あなた自身の技量のために、あなた自身にも限界があるということを許容しますか？　他の人たちの技量のために、他の人たちの方に長所があるということを許容できますか？　個別の病態や個々の患者の状況に対して治療を適合させる用意がありますか？
——以上のことは完全に確かであるなどということは決してないのに、それでもこれらすべてのことを実践しますか？

今日の臨床心理学においては、私たちは多元主義者からほど遠いところにいる（同右「精神医学」を「臨床心理学」にすべて置き換えて引用）。

これが、ヤスパースとガミーによる「（方法論的）多元主義」である。精神医学以上に、精神分析療法や認知行動療法を始めとして、さまざまな心理療法やカウンセリングの方法が主張されている臨床心理学の世界においてこそ、そしてまた、そうしたさまざまな理論が実践されている心理臨床現場においてこそ、それぞれが拠って立つ理論や自説だけに頑なに固執する「教条主義」「原理主義」に陥るのではなく、臨床心理士としては、「多元主義」を重要な基本原則とすべきなのではないのかと思う。ただし、とかく臨床心理士の世界では、「多元主義」というよりもガミーが批判する曖昧な「折衷主義」の色合いが濃いようである。上記の問いに「単一の理論が存在しない状況でも、あなたは、自分が行っていることについて概念的に明晰である必要性を受容することができますか？」とあるように、臨床心理士は、もう少し、自分が実践している方法や理論に対して（概念的に）「明晰」である必要があるように思われる。「「井戸」を掘って掘って掘っていくと、そこでまったくつながるはずのない壁を越えてつながる、というコミットメントのありように、僕は非常に惹かれたと思うのです」という村上春樹の表現を借りれば（河合隼雄・村上春樹『村上春樹、河合隼雄に会いにいく』岩波書店）、「多元主義」とは、足下の自分の「井戸」できるだけ深く深く掘り下げながら、同時に他者が掘る「井戸」にもその意味を認め、敬意を払う、そしてお互いが独自に深く掘り下げた、繋がるはずのない「井戸」が、その深い地中の底においては普遍的に繋がっていることを認め合う、ということなのだろう。

四 「多元主義」のもとにおける臨床心理士と他の専門スタッフとの協働

ガミーの本を読んで感動したのは、単に方法論的な「多元主義」についてだけでなく、その「多元主義」によって、臨床心理士と他のスタッフ、ことに精神科医との協力、協働関係について、すなわち臨床心理士の職業的専門性、独自性について、まさに多元主義者の真骨頂として、大多数の精神科医はもとより、一部の臨床心理士以上に、精神医療の現場で臨床心理士をエキスパートの仲間として遇しようとする、非常に開かれた姿勢を持っているということについてであった。

そもそも、この書の訳者である精神科医の村井俊哉は、「精神科医になっておよそ二十年の私にとって、この本は間違いなく、精神医学の「ベスト」の専門書である」と述べると共に（「訳者あとがき」『現代精神医学原論』みすず書房）、とくに臨床心理士に向かって、次のように語りかけてくれている。

（この本を読んでもらいたいのは精神科医だけでなく）特に臨床心理士の皆さんは私たち精神科医と同じで、いったい心の病気とは何なのか、という根本的なところで悩んでいると思う。そして、何故こんなにもいろいろな治療法・カウンセリング技法があって、自分の大学で教えてもらった先生は、ある技法を薦めたが、他の技法ではなく特にその技法を選択する根拠はどこにあるのか？　最近になって突然誰も彼もが認知行動療法といい始めたけども、いったいさまざまな心理療法の優劣はどうやって決まるのか？　そういったことを一度考えてみるためにも、この本はぜひ一度読んでいただきたいと思う（同右）。

私がこれまで出会ってきた精神科医のほとんどは、ありがたいことに、臨床心理士をエキスパートの仲間として遇しようとする開かれた姿勢を持っていてくれたが、しかし、ことに最近、若い臨床心理士から聞かされる現場の精神科医の大多数は、このような姿勢からは遠いもののようである。精神科医に限らず臨床心理士にしても、「いったい心の病気とは何なのか、という根本的なところで悩んでいる」臨床心理士が、はたしてどれだけいるのだろうか。本章のテーマと重なるが、一人一人のクライエントを前にして、「いったい心の病気とは何なのか」という根本的な問いを悩み続けられることも、臨床心理士の大切な内的資質であり、職業的専門性であるように思われる。

これに関して、ガミーは次のように語る。

多元主義者は過剰なほどに控えめでなければならない。完成した体系などは多元主義者には存在しない。しがみつくことができるようなイデオロギーも存在しない。多元主義者は心を複雑なものと見るが、しかし、心を説明し了解しようとする自らの試みについては明晰であることを求める。多元主義者であれば、何かを確実に知っているというような主張はできない。しかしその一方で、あらゆる相対主義を拒絶する。多元主義者は永遠の懐疑論者であるが、信念に対しては常に心を開いている。ただし多元主義者にとっての信念とはイデオロギーではない。それは信頼である。すなわち、（臨床家にとっては）意思決定が重大事項であるために、十分な証拠がなくても選択しなければならない、ということである。このことは私たちに謙虚であることの必要性をあらためて教えてくれる（村井俊哉訳『現代精神医学原論』）。

このガミーの言葉は、本章の冒頭で紹介した、グッゲンビュール＝クレイグの「われわれ精神療法家（心理療法家）はみずからの臨床的営為に対して、つねに信じ、かつ疑い続けねばならない」という言葉に重なってくる。また、「臨床心理学的に配慮されたアプローチ」の第七の原則として私が挙げた、「「依拠する臨床心理学の理論や方法を信頼し、かつ疑うことも忘れずに」、クライエントの「こころ・からだ」を理解し、手助けする」ことが、「多元主義」のもとにおいてこそ臨床の現場で実践可能なことを示唆している。

そして、ガミーは、こうした「多元主義」によって、臨床心理士は、エキスパートとして、精神医療の臨床現場で独自の職業的専門性を発揮できることを述べているので、少し引用が長くなるが、是非とも紹介しておきたい。

臨床心理士や社会福祉士よりも良質な精神療法（心理療法）を精神科医が提供できる一般的理由など、間違いなくどこにも存在しないのである。ついでに言えば、非常に優れた技量と経験を持つナース・プラクティショナーと比べて、精神科医の方が良質な精神科薬物療法を提供できるという一般的理由も存在しない。誰が良質な治療を提供できるかということは、すべて、知識、経験、そして概念的明晰さによって決まるのである。最良の治療を提供できるのは、もっとも熟達した治療者である。全体として言えば、ある一人の臨床家が、精神医学における二つ以上のアプローチや方法において非常に熟達しているということはない。方法はたくさんあるので、エキスパートは沢山存在する。治療を具体的にどのように組み合わせるかは患者とその病態による。たとえば、双極性障害の患者は、双極性障害を専門とする非常に熟達した精神科薬物療法の専門家から、もっとも得るところが大きいだろう。精神科薬物療法全般に優れた専門家が最適なのではなく、双極性障害を専門とする者が望ましいのである。

さらにこの患者は非常に熟達した精神療法家からも得るところが大きいかもしれない。そのような人物は、社会福祉士かもしれないし、臨床心理士かもしれないし、精神科医かもしれない。そのものが実践しているのは、認知行動療法かもしれないし、家族療法かもしれない。あるいは対人関係療法かもしれないし、心理教育かもしれない。いずれにせよその精神療法家は、理想的には、自らが提供している特異的な治療のエキスパートであるべきである（同右）。

ここまではっきりと、精神科医と対等な臨床心理士の職業的専門性について言明した精神科医を、私はほとんど知らない。しかし、それは同時に、私たち臨床心理士が、その要請に応えうる真のエキスパート足りうるかと、迫られていることでもある。

臨床心理士でさえ、「重篤な精神障害の患者の心理療法など無意味だ」などと、無神経なことを平気で言う（無神経な）人がいるが、ガミーは、以下のように、重篤な精神障害の患者に対しても、「支持的精神療法（心理療法）による普通の共感は、病に苦しむ患者の孤独感と無能力感を和らげることができる」と語る（もう一度強調するが、ガミーは、精神療法学の専門家ではなく精神薬理学、しかもとくに双極性障害の専門家である）。

重症のパーソナリティ障害、統合失調症、あるいは重症の気分障害（精神病症状を伴ううつ病や双極性障害）のような重症の精神科の病気の場合には、精神科治療における精神療法の諸側面は、伝統的な精神療法に比べると、より単純でなければならないが、それと同時に、より複雑でなければならない。単純でなければならない理由は、これらの重症の病気を患う患者は、たいていの場合、支持的精神療法による基本的な自我強化の働きを必要としているからである。重症の病気の場合、完全な治癒はまれであり、再発と機能水準の低下は常にジレンマでありつづける。支持的精神療法が力を発揮するのはこの地点である。機能低下が持続するというマイナスの側面よりは、回復が期待できる部分があるのならそのようなプラスの側面に注意を向けるように患者を勇気づけることによって、支持的精神療法はその力を発揮するのである。また、伝統的な医学のベッドサイド・マナーと同様に、支持的精神療法による普通の共感は、病に苦しむ患者の孤独感と無能力感を和らげることができる。その一方で、重症の病気に対する精神科薬物療法の場での精神療法的技法は、もっと洗練されたものである必要もある。そして、ときには、もっとも集中的な正式な精神療法的治療で用いられるのと同じくらい複雑なものである必要もある。特別な精神療法的感受性がここでは必要となる。なぜなら、治療同盟への信頼とは正反対ともいえるパラノイアが、重篤な精神科の病気には満ち満ちているからである。重篤なパーソナリティ障害においては、このことは医師に向けられる投影性同一視と怒りの形をとるかもしれない。重篤な精神病性障害の場合には、このことは、被害妄想や幻覚に直接的に反映されるかもしれない。そして重症の気分障害の場合（特に精神病症状を伴ううつ病の場合）には、このことは、医師の共感的アプローチに対する不信感に満ちた拒絶となって表現されるかもしれない（同右）。

このようにガミーは、重篤な精神障害の患者の治療について、自身が専門とする薬物療法と同時に、心理療法（精神療法）の必要性を、しかも、精神分析的理解も含めた心理療法の必要性を述べている。感銘を受けたので繰り返すが、「機能低下が持続するというマイナスの側面よりは、回復が期待できる部分があるのならそのようなプラスの側面に注意を向けるように患者を勇気づけることによって、支持的精神療法はその力を発揮するのである。また、伝統的な医学のベッドサイド・マナーと同様に、支持的精神療法による普通の共感は、病に苦しむ患者の孤独感と無能力感を和らげることができる」（同右）などの言葉は、精神薬理学のガミーに言われるまでもなく、むしろわれわれ臨床心理士こそが、精神科医を初めとして他の医療スタッフに向かって強く訴えなくてはならないメッセージであろう。昨今は目の前の具体的な効果だけを追い求め過ぎて、臨床心理士自身でさえ過小評価しているように思われるが、クライエントの傍らに寄り添い、クライエントの言葉に深く耳を傾ける支持的な心理療法を継続的に実践することだけでも（かといってそれを粘り強く続けるには多大な努力と繊細な配慮を臨床心理士に必要とするが）、重篤な精神の病に苦しむクライエントの孤独感と無能力感は和らげられ、「こころ・からだ」に対する大きな手助けが果たされているのであろう。これについては、次章でもう一度考えてみることにする。

第八章　「何よりもクライエントのために」、クライエントの「こころ・からだ」を理解し、手助けする

一　何よりもクライエントのために

「臨床心理学的に配慮されたアプローチ」の最後になる第八の原則を、「「何よりもクライエントのために」、クライエントの「こころ・からだ」を理解し、手助けする」とした。臨床心理士にとって、何よりも一人一人のクライエントのためになるように、クライエントを理解し、手助けすることこそが、臨床心理士の仕事であり、またその仕事の目標であるということである。ただし、実際的には、このことは簡単、明瞭なことのようで、よく考えてみると、そんなに簡単、明瞭なことではなさそうである。

臨床心理士がクライエントのためになると真摯に考えたことでも、クライエント自身には自分のためになるとはまるでぴんと来ないようなこともあろう。継続的な心理療法やカウンセリングをきちんと受けることがクライエントの役に立つと、臨床心理士が真剣に考えたとしても、クライエン

トにしてみたら、まるで必要性を感じないかも知れないし、ときには迷惑なお節介と腹を立てることもあろう。例えば、ストーカーや虐待の加害者側、病識に乏しい精神科疾患のクライエントなどへの支援においては、往々にしてこのようなことが起こりえる。

反対に、クライエントが切実に自分のために求める手助けに対して、臨床心理士の方は、些細な現実的な問題と考えて積極的に対応しなかったりするようなこともあろう。抑うつ状態で休職中のクライエントが早急の職場復帰を何よりも求めても、臨床心理士の方はまずは焦らずに休養を取ることがクライエントのためになると考えたりする。往々にして、臨床心理士は、深層的な心理的問題に関心を向けがちで、クライエントが実際に苦しむ現実的な問題や具体的な症状への対応については、注意と配慮が逸れがちである（最近はむしろ逆に、臨床心理上の対応が現実的な問題や具体的な症状だけに囚われて、深層的な問題をなおざりにしがちな傾向が強いのかも知れない）。

あるいは双方にとっても、例えば前章の最後で紹介した、ガミーが強調したようなクライエントの孤独感や無能力感といったものは、クライエント自身にしても臨床心理士にしても、その支援の重要性にはなかなか思いが及ばない。しかし、（知らず知らずにしろ）その支援を受けること（行なうこと）は、どれだけクライエントのために役立ち、支えになっていることであろう。

このように「何よりもクライエントのために」といっても、こうした食い違いがクライエントと臨床心理士との間には起こりうる。まずはそのことを臨床心理士はよく自覚しておく。そして、それと共に、クライエントが「自分のためになる」とまず望む現実的、具体的な日的や利益と、現在のクライエントにはまだはっきりとは見えないより遠方の目標があることを、臨床心理士の中で区別しておけるとよい。この遠方の目標といったものは、臨床心理士にとってもなかなか判然としないこともあろう。例えば、中年期において抑うつ状態に苦しむクライエントにおいて、まずはその抑うつ状態を脱することが、当面の現実的、具体的な目標であるにしても、しかし、その背後に、「自分の人生はいったい何だったのか」「自分が本当に求めているものは何なのか」などといった疑問や問題意識が潜んでいることがある。ときには現実的な抑うつ症状が、宗教的、超越的な問題へとクライエントを導く重要な契機になることもあろう。よって、臨床心理士は、クライエントが苦しみ、悩んでいる現実的、具体的な問題や症状が少しでも和らぐことを、まずは「クライエントのために」の当面の目的や利益として尊重しながらも、同時に、クライエント自身にとってクライエントの人生や生活はどうあったらよいのかという、将来に向けた遠い展望や目標を思い浮かべておけるとよい。ちなみに、ガミーは、「すべての精神医学的治療において、その目標は、究極のところは、個人を（心理的問題から）自由にすることにある」と述べている（村井俊哉訳『現代精神医学原論』）。この「自由」に関しては、また、濱田秀伯は「（人間が時間の中に身を置き、物体としての脳をも乗り越えて、世界を能動的に開いていく自由を見ることができるという）人間に特有なこうした営みこそが自我であり、自我の障害とは生の流れが停滞し時間性が破綻する、自由の障害と言い換えることが可能です」と語っている（『精神病理学　臨床講義』弘文堂）。人間が希求する「自由」の問題は、第四章で考えた、クライエントの「こころ・からだ」を理解し、手助けする総体的視点の内の、「希求性」の視点でもある。ただしそれは、心理臨床実践においては「何よりもクライエントのために」であって、決して臨床心理士の勝手な押しつけや思い込みによらないように、充分に注意しておかなくてはならない。まずは、臨床心理士との関係においてこそ、クライエントは、できる限りの（何を思っても何を語ってもよいという精神の）自由を体験できるとよい。その「自由」は、当然のことに、クライエントは臨床心理士に対する不満、疑問、腹立ち、怒りなども臨床心理士との関係の中では率直に語ってもよいということであり、その「自由」に開かれていることも、臨床心理士の重要な職業的専門性であり、独自性であると思われる。

二　クライエントを害さない、傷つけない

「何よりもクライエントのために」理解し、手助けするとして、そのためには、少なくともまずは、クライエントを害さない、傷つけないことに、臨床心理士は注意を払わなくてはならない。意図的なのは論外にしても、意図的でなくても、臨床心理士がクライエントを傷つけたり、害したりしていることは、案外に多い。

金沢吉展は、ポープ（Pope, K. S.）等の考えを援用して、臨床心理士の「職業倫理の七原則」を挙げている。それを紹介しておく（『臨床心理学の倫理を学ぶ』東京大学出版会）。

第一原則は、「相手を傷つけない、傷つけるようなおそれのあることをしない」である。具体的には、

「相手を見捨てない」「同僚が非倫理的に行動した場合にその同僚の行動を改めさせる」などが挙げられている。

第二原則は、「十分な教育・訓練によって身につけた専門的な行動の範囲内で、相手の健康と福祉に寄与する」である。具体的には、「効果について研究の十分な裏付けのある技法を用いる」「心理検査の施行方法を順守しマニュアルから逸脱した使用方法を用いない」「自分の能力の範囲内で行動し常に研鑽を怠らない」「心理臨床家自身の心身の状態が不十分な時には心理臨床活動を控える」「自分の専門知識・技術を誇張したり虚偽の宣伝をしたりしない」「必要とされている知識・技術・能力がない場合などの際には心理臨床活動は行わず他の専門家にリファーする」などが挙げられている。

第三原則は、「相手を利己的に利用しない」である。「多重関係（クライエントに対してセラピストであると同時に教師（学生）、上司（部下）、親族、友人、恋人など多重の関係にある場合）を避ける」「クライエントと物を売買しない」「物々交換や身体接触を避ける」「勧誘をしない」などが示されている。

第四原則は、「一人一人を人間として尊重する」である。「冷たくあしらわない」「心理臨床家自身の感情をある程度相手に伝える」「相手を欺かない」などが示されている。

第五原則は、「秘密を守る」である。ただしこれは「限定的秘密保持であり、秘密保持には限界がある」。本人の承諾なしに専門家がクライエントの秘密を漏らす場合としては、「明確で差し迫った危険があり相手が特定されている」「クライエントによる意思表示がある」「虐待が疑われる」「そのクライエントのケアなどに直接関わっている専門家の間で話し合う」場合などである。しかし「いずれの場合もできるだけクライエントの承諾が得られるように心理臨床家は努力しなければならない」。他にも、「記録を机の上に置いたままにしない」「待合室などで他の人にクライエントの名前などが聞かれないようにする」などが挙げられている。

第六原則は、「インフォームド・コンセントを得、相手の自己決定権を尊重する」である。「十分に説明したうえで本人が合意したことのみを行う」「相手が拒否することは行わない」「記録を本人が見ることができるようにする」などが示されている。

第七原則は、「すべての人々を公平に扱い、社会的な正義と公正と平等の精神を具現する」である。「差別や嫌がらせを行わない」「経済的な理由などの理由でサービスを拒否しない」「一人一人に合ったアセスメントや介入などを行う」「社会的な問題への介入も行う」などが挙げられている（同右）。

これに、臨床的、実際的なことをもう少し付け加えれば、臨床心理士は、「約束した面接の時間を必ず守る」、「約束した面接の場所に必ず居る」、「遅刻したり休まない。もしも遅刻したり休んだりした場合には必ず連絡し、その理由をクライエントにきちんと伝えて、謝っておく。そしてそれに対するクライエントの気持ちを受け止めて聞く」、「クライエントに対して正直で嘘を言わない」、「クライエントに対して行なう心理療法や心理検査などのあらゆる臨床心理学的行為や、クライエントに向けて伝える説明、意見、解釈、査定、及びクライエントとの関係における臨床心理士のあらゆる振る舞いについて、クライエントが、その不安、不満、疑問、苦痛などを自由に表現してよいことをクライエントに保証する。またそれを言葉で伝えたり、汲み取るように努める」、「言葉で表現する限り何を言ってもよいことをクライエントに保証する」、「言いたくないことは無理に言わなくてよいことも保証する」、「クライエントの価値観・人生観・思想・信仰を尊重する。ことにクライエントの独特な宗教的信念や妄想的表現に対しても先入見に囚われずにクライエントの文脈で丁寧に耳を傾ける」などのことになろう。

三　一人の臨床心理士が一人のクライエントに誠実に向き合い続けることの大切さ

先にも触れた、ガミーが語る「（共感は）病に苦しむ患者の孤独感と無能力感を和らげることができる」（『現代精神医学原論』）という言葉にも関連してくるが、クライエントと臨床心理士との援助関係（治療関係）において、クライエント自身も、臨床心理士も、クライエントのためになっているとはなかなか自覚的には思えていないが、しかし、クライエントのために大変に重要に思われる問題、すなわち「一人の臨床心理士が一人のクライエントに誠実に向き合い続けることの（治療的な）大切さ」について考えておく。

中井久夫は、精神療法（心理療法）には、狭い意味と広い意味とがあると言う。「狭い意味の精神療法」とは、「精神分析療法」「ユング派の分析療法」「森田療法」「内観療法」などを指す。これに対して、「広い意味の精神療法」について、中井は、「（その治療は）治療者側の一挙一動に始まる。そして、治療の場でおこる患者の言動と治療者側の言動が、治療上どういう意味をもつか考えてゆくことである。こちらのほうが、じつはむずかしい。それは、登山する人ならば思い当たることだろうが、〝この岩は手をかけてだいじょうぶだろうか、この凹みは何に利用できるだろうか、ここは滑りやすいから気をつけよう、このルートは一見よさそうだがあそこのオーバーハングは行き止まりになるな〟などと考えて、一歩一歩進んでゆくことである。（中略）この広い意味の精神療法がしっかりしていないのに、狭い意味の精神療法をおこなうことはあぶない。また診断的質問も、この配慮がなくてはならない。質問にはすでに治癒力がある（逆に破壊力もある）」と語る（『看護のための精神医学　第2版』医学書院）。

我田引水かも知れないが、中井が言う「広い意味の精神療法」すなわち「治療の場でおこる患者の言動と治療者側の言動が治療上どういう意味をもつか考えてゆくこと」は、「臨床心理学的に配慮されたアプローチ」と重なってくるように思われる。そう解するなら、「広い意味の精神療法がしっかりしていないのに、狭い意味の精神療法をおこなうことはあぶない」という中井の言葉は、まさに本書を通して私が主張したいことである。「総論」で述べたように、精神分析療法か認知行動療法かを問う前に、あるいは「心理療法」とか「カウンセリング」という言葉を使用する以前に、臨床心理士は、まず何よりも、中井の言う「広い意味の精神療法（的態度）」、本書で言う「臨床心理学的に配慮されたアプローチ」をしっかり身に付けておかなくてはならない。

そして、各論・第一章、第二章の原則ととくに重なり合うが、こうした配慮によって生じる臨床心理士のクライエントに向き合い続ける基本姿勢、すなわち、「一人の人としてきちんと向かい合う」「その話に丁寧に耳を傾ける」「そのための守られた時間と空間を確保する」「クライエントが表現した言葉や内容を外に漏らさずに抱え続ける」「クライエントの不安や疑問にも丁寧に応じる」「一人一人のクライエントの立場に立つ」「さまざまな障害や困難を克服して二人の関係を維持し続ける」「確かな他者としてクライエントの傍らに居続ける」などのことが、すなわち「一人の臨床心理士が一人のクライエントに誠実に向き合い続ける」そのこと自体が、いかにクライエントの手助けに役立っているか、クライエントのためになっているかを、クライエント本人はともかくとしても、臨床心理士自身はよく理解しておきたい。大袈裟に心理療法やカウンセリングというものを考える以前に、一人の人間が一人の人間と向かい合い、できるだけ丁寧に話を聴き、話を交わし、何よりも、確かな他者としてその傍らに在るということの大切さを、臨床心理士自身がまず深く理解しておきたい。そもそもクライエント（患者）と呼ばれるようになった人たちは、そのような確かな他者との間での丁寧な関係を持った経験の乏しい人たちであることが多い。第五節で改めて考えてみるが、その乏しい経験を補い、修復するためにも、臨床心理士の存在がある。臨床心理士という確かな他者との丁寧な関係を通してこそ、クライエントが負ってきた「歴史性」や「関係性」は修正、修復される。そこに手助け（治療）の意味と役割があり、臨床心理士の職業的専門性がある。

ことに、現代という時代は、ますます効率化、機械化、一律化が進められる中で、親子の間でも、夫婦や恋人やパートナーとの間でも、友人、知人との間でも、ましてや会社内や社会的な関係においては、人と人とがきちんと向かい合い、相手の言葉に丁寧に耳を傾け、対話し、関係を深めるという人間としての基本的な経験が乏しくなっているように思われる。しかも、そうした関係を深めることによって必然的に生じるさまざまな齟齬や軋轢や葛藤や不安を、相互の努力と配慮とによって克服して、その関係を長期間にわたって保ち続けることは、（愛し合うパートナーとの間でさえも）いっそう難事なことになってしまっている。そして、それによって生じる疎外感、孤独感、空虚感などに、人々は（自覚的にしろ無自覚的にしろ）悩み、苦しみ、それがまたさまざまな「こころ・からだ」の問題、障碍の遠因にもなっている。だからこそ、まことに当たり前と言えば当たり前のことであるが、このような時代であるからこそなおさらに、「一人の臨床心理士が一人のクライエントに誠実に向き合い続けること」は、しかも臨床心理士の職業的専門性としての配慮と技術とによって（次節で触れる危険性や副作用の自覚とそれを克服することも含めた「臨床心理学的に配慮されたアプローチ」によって）、そうした深い丁寧な人と人との関係を長期間にわたって維持し続けることは、改めて見直されるべき、「こころ・からだ」へのもっとも重要かつ基本的な手助けの方法であろう。

四　「臨床心理学的に配慮されたアプローチ」による援助関係の危険性と副作用

本節では、「何よりもクライエントのために」という視点から、前節のテーマも含め、これまで挙げてきた「臨床心理学的に配慮されたアプローチ」による援助関係（治療関係）について、「総論」においても「それはクライエントの手助けに役立つと同時に大きな危険も副作用も伴う」と述べたように、どのような問題点があるのか、クライエントの手助けを損なったり害したりする点がないのかを点検しておく。

若い時に衝撃を受けた言葉がある。その言葉によって私の臨床心理士としての臨床態度が深く反省させられたし、クライエントの病理への理解がとても深まった気がするのだが、それは、神田橋條治が述べた「〝やさしい〟〝暖かい〟〝甘えられる〟〝尽力的な〟相手は、その人が近寄る傾向を持っているが故に有害であり、また患者の中に近寄りたい気持ちをかきたてるが故に有害である」という言葉である（神田橋條治・荒木冨士夫「「自閉」の利用――精神分裂病者への助力の試み」『精神神経学雑誌』第七十八巻一号）。

それまで、できるだけ「やさしい」「暖かい」「甘えられる」「尽力的な」臨床心理士になろうと努めてきた私にとって、非常に衝撃的で、まさに「目から鱗の落ちる」思いにさせられた言葉であった。この神田橋の言葉は、とくに「統合失調症者（精神分裂病者）」に対する、「ある種の人たちにとって、心理的有害因子は対人関係の中にある。したがって、対人関係を絶ったり、薄くしたり、表面的なものにすることが心理的安定に役立つ」という「自閉の利用」による治療論として語られたものである。そして、「精神科医は心理的に近寄ろうとする職業であり、また「心を見透かす技術」を持ちたいと努力しているから、通常の人間より並はずれて有害である」ことになり、クライエントと精神科医との治療関係も、できるかぎりお互いに「対人関係を絶ったり、薄くしたり、表面的なものにする」臨床技法がとられることになる（同右）。

神田橋が着目した、「心理的有害因子は対人関係の中にある」という視点は、「統合失調症」者にとどまらず、ことにその「歴史性」「関係性」「個体性」に大きな問題を抱える境界例水準から精神病水準に至るクライエントのほとんどに適用できる心理療法論と考えられる。その水準にあるクライエントの多くは、臨床心理士からの「やさしい」「暖かい」「甘えられる」「尽力的な」アプローチに対して、より健康なクライエントであれば好意的に受け取れるものを、むしろ逆に、怪しい（妖しい）、不気味な、得体の知れないものを感じ、何か策略や裏があるのではないか、自分を陥れようとしているのではないのか、試しているのではないのか、喜ばしておいて裏切るのではないのかなどの不安や猜疑や恐怖を抱きやすい。多分、彼らの多くは、幼少期からこれまで、「やさしい」「暖かい」「甘えられる」「尽力的な」他者関係を充分に経験してこなかったために、むしろ拒絶されたり、だまされたり、裏切られたりする経験のほうが多かったために、そのような優しく暖かい態度を取る臨床心理士に出会って、安心よりも強い不安に囚われ、感情的に非常に動揺、混乱させられて、症状が悪化したり、衝動的な行動が増したりしてしまう。このことが、重篤な境界例水準から精神病水準にあるクライエントの心理療法を極めて難しいものにしている、最大の要因であろう。

この視点から見ると、本書で主張している「臨床心理学的に配慮されたアプローチ」の八つの原則は、クライエントにとって、ことに境界例水準から精神病水準のクライエントにとっては、危険なアプローチということになる。神田橋の言葉を借用すれば、「(臨床心理学的に配慮されたアプローチを取ろうとする) 臨床心理士は心理的に少しでもクライエントに近寄ろうとする職業であり、また少しでもこころを理解したいと努力しているから、通常の人間より並はずれて有害である」ということになる。とくに「一人一人のクライエントを確かな対象として」、「クライエントと直接かかわることを通して」、「クライエント自身の体験とその表現を核にして」、「何よりもクライエントのために」という手助けの原則は、臨床心理士の意図に反して、クライエントをかえって不安にさせたり、動揺させたり、感情を大きく揺さぶったり、衝動的な行為に走らせたり、症状を悪化させたりする危険性もしくは副作用を、とりわけ持っていることになる。

このことを、臨床心理士はよくよく理解しておく必要があろう。

ただし、そのことを充分に理解しながらも、一方で、そのような危険性や副作用があるからと言って、それで済ませてクライエントとの間に深い関係を築くことを放棄するならば、「触らぬ神に祟りなし」程度の束の間の平安は得られるかもしれないが、結果的には、クライエントを孤独感、孤立感の中にますます追いやることになってしまうし、彼らが抱える深刻な「こころ・からだ」の問題の解決にはならないだろう。

臨床心理士は、この難しい問題を、その職業的専門性としてどのように克服していったらよいのだろうか。

それに対して、まず神田橋の「自閉の利用」に限って言えば、「対人関係を絶ったり、薄くしたり、表面的なものにする」という臨床技法については、「統合失調症」者に対する治療の臨床的有効性としては認めることができるし、とくに精神科医の治療技法としては評価するものの、臨床心理士の職業的専門性としては、もう少し違うアプローチが必要なのではないかと、私は考えている。むしろそこに、精神科医とは異なる臨床心理士の職業的専門性と独自性が生ずるとも考えている。神田橋の技法は、ことに「統合失調症」者の回復と社会復帰に大きな力を発揮すると考えられるが、しかし、一方では、神田橋自身も認めているように、彼らの病理や心理が治療者側にはまったく理解できないものになってしまい、クライエントをより深い（病態としてではない）孤立、孤独へと追いやることになってしまうと思われる。その矛盾に対して、私は、「対人関係を絶ったり、薄くしたり、表面的なものにするという課題を、クライエント一人の孤独な課題にするのではなく、臨床心理士との共同作業（二人の関係）によってこそ行なうべきである」と主張したい。それを臨床実践として示したのが「総論」で紹介した「二人の治療者をつかいわけた精神分裂病の症例」の論文である（『精神医学』二十一巻四号・『精神分裂病者の心理療法の臨床心理学的研究』にも所収）。そこでは、「統合失調症」者の抱える強固な「妄想」を、できるだけ外に漏らさず、臨床心理士との二人の関係の中でこそ自閉的に抱えようとする手法が採られ、結果的には、「統合失調症」者の社会復帰を手助けすることができた。

また、広く「臨床心理学的に配慮されたアプローチ」の危険性や副作用に関しては、臨床心理士が、ある種のクライエントにはその危険性や副作用が生じやすいのをよく自覚しておくこと、その危険性を持つクライエントをきちんと見立てられる臨床能力を持つこと、心理面接や心理療法における治療構造、面接構造の重要性を理解していること、境界例水準から精神病水準のクライエントに対する心理療法技法に習熟していることなどによって、危険性や副作用を防ぐ、もしくは軽くすることができる。それと同時に、「臨床心理学的に配慮されたアプローチ」の原則の中で、「現前性・状況性・歴史性・関係性・個体性・希求性の総体的視点から」、「クライエントと臨床心理士との相互関係の中で」、「臨床心理士自身のこともつねに含み込んで」、「依拠する臨床心理学の理論や方法を信頼し、かつ疑うことも忘れずに」を身に付けることで、なかでもとりわけ各論の第五章、第六章で詳述した「クライエントと臨床心理士との相互関係の中で」、「臨床心理士自身のこともつねに含み込んで」を深く身に付けた臨床心理士の存在によってこそ、その危険性や副作用を克服することができると、自分自身の臨床実践を踏まえて、私は考えている。そうした「臨床心理士の仕事の方法」をしっかりと自分のものとした臨床心理士との援助関係（治療関係）とそれに裏付けられた持続的な共同作業を通してこそ、クライエントは、臨床心理士と力を合わせてその危険性や副作用を少しずつ乗り越えることができる。すなわち、これまでになく深い他者関係を持つことによってクライエントに生ずる、そうした危険性や副作用は、クライエントが抱える「歴史性」「関係性」「個体性」によってもたらされるものであるとしたら、むしろ「毒をもって毒を制する」ごとく、クライエントと臨床心理士との「臨床心理学的に配慮されたアプローチ」によるより深く恒常的な関係性を通して、(そのプロセスにおいては両者ともさまざまな苦難を味わうことになるし、その展開も少しずつ少しずつではあるにしても)クライエントが抱える深刻な「こころ・からだ」の問題は修正、修復されていくことになる。この「クライエントの問題は臨床心理士との間(関係)においてこそ修正、修復される」ことについては、臨床心理士の職業的専門性と独自性とを巡って考えてきた本書の結びとして、次節でもう一度考えてみることにする。

五 クライエントの問題は臨床心理士との間(関係)においてこそ修正、修復される

本書の最後に、「臨床心理学的に配慮されたアプローチ」による「臨床心理士の仕事の方法」自体が、すなわちそれに基づくクライエントと臨床心理士との関係こそが、クライエントの「こころ・からだ」の問題や症状を軽減させる手助けとなり、心理療法の実践になることを述べておきたい。

心理療法には、精神分析療法と認知行動療法に代表されるように非常にさまざまな技法があり手段がある。しかし不思議なことに、精神分析療法にしろ認知行動療法にしろ、同じような病態に対して二人の治療者がそれぞれの専門である異なる技法を用いても、どちらもうまくいってクライエントに役立つ場合もある。あるいは、二人の治療者がまったく同じ技法を用いても、うまくいくク

ライエントと臨床心理士の関係もあれば、うまくいかない関係もあるということが起こりえる。

こういうことを幾度か見聞きしてくると、どうも技法の違いそのものよりも、むしろそれ以上に、臨床心理士自身の臨床家としての（もしくは人間としての）姿勢、態度、クライエントへのかかわり方などが、クライエントの手助けのためには、より大きなウエイトを持ってくるように思われる。本書の主張に引きつけて言えば、心理療法やカウンセリングの技法以前に、「臨床心理学的に配慮されたアプローチ」をしっかり身に付けた臨床心理士とクライエントとの深い関係性によってこそ、基本的には、クライエントが抱える「こころ・からだ」の問題は、修正、修復されていくように思われる。もちろんのこと、前著『私説・臨床心理学の方法』（金剛出版）で詳述したように、細部についてはより丁寧な臨床技術を必要とするし、病態や症状によってはより専門的な臨床技法を用いなくてはならないものの、基本的には、本書で言う「臨床心理士の仕事の方法」自体が、心理療法（カウンセリング）の心理臨床実践であろうと、私は考えている。

クライエントが抱える「こころ・からだ」の問題は、臨床心理士との間（関係）においてこそ修正、修復されることについて、『私説・臨床心理学の方法』でも述べたことであるが、重要な点なので、一部追加と修正を加えて、もう一度ここに引用しておく。

さまざまな「歴史性」「関係性」「個体性」を背負ったクライエントは、臨床心理士と治療関係を持つことによって、（精神分析から言えば「転移」ということになるが）ことにその「歴史性」「関係性」を再現する。例えば、幼い頃に、両親からひどく虐げられ手酷く扱われた体験を持つクライエントであれば、両親との体験が臨床心理士との間でも再現されて（転移されて）、多くの場合、なかなか自由に感情を表現することが難しかろう。自分の感情を率直に表わしたら、どのような痛い目に遭うのか、どのような攻撃が向かってくるのか、ついつい考えてしまう。そして、どうしても、臨床心理士の顔色を伺ったり、臨床心理士の内心を読もうとしたりしてしまう。しかし、同時に、そのような関係の中で、少し臨床心理士に安心できたり、臨床心理士の油断や弱点が見えたりすると、抑えてきた怒りが激しくこみ上げてくる。無性に歯向かってみたくなったり、ねじ伏せたくなったりする。しかも、相手から反撃される恐怖があるので、相手が立ち上がれなくなるほど、徹底的に屈服させたくなる。これらは、すべて、クライエントが体験してきた「歴史性」「関係性」の再現であろう（『私説・臨床心理学の方法』）。

これに関して、前章でも引用したが、ガミーも、「特別な精神療法的感受性がここ（重症な患者への治療）では必要となる。なぜなら、治療同盟への信頼とは正反対ともいえるパラノイアが、重篤な精神科の病気には満ち満ちているからである。重篤なパーソナリティ障害においては、このことは医師に向けられる投影性同一視と怒りの形をとるかもしれない。重篤な精神病性障害の場合には、このことは、被害妄想や幻覚に直接的に反映されるかもしれない。そして重症の気分障害の場合（特に精神病症状を伴ううつ病の場合）には、このことは、医師の共感的アプローチに対する不信感に満ちた拒絶となって表現されるかもしれない」と述べている（村井俊哉訳『現代精神医学原論』）。

こうした、クライエントのさまざまな「歴史性」「関係性」の再現や「個体性」の表出に対して、臨床心理士は、どうしても、大変に動揺したり、傷つけられたり、疲労困憊してしまう。

ある臨床心理士は、予約時間を間違えて早くにやってきた若い男性のクライエントに、いきなり、「お前のせいで朝早く起きたのに、どうしてくれる。馬鹿！　死ね！　お前のお陰で俺の人生、滅茶苦茶になってしまった！　どうしてくれるのだ」と、自分が間違えたにもかかわらず、一方的に怒鳴られ、その後の心理療法のセッションでも同様なことが再三続いて、悪戦苦闘したケースを話してくれたことがあった。臨床経験が豊富なベテランの臨床心理士であったが、しかし、それでも、このようなケースに出会うと、臨床心理士は本当に消耗してしまう。これが仕事であり、このような途方もない滅茶苦茶な言いがかりをつけるクライエントに対して、正面から向き合える専門家は、ほとんど唯一人、臨床心理士以外にいないことは頭では分かっていても、やはり動揺し、仕事を続ける意欲さえ削がれてしまう。

ただ、そこで、このクライエントには幼少期から両親による虐待が続いていたことが分かり、その凄まじい体験が少しずつ共感的に理解できるに従い、同時にまた、この臨床心理士が体験した底深い無力感と、それと裏腹の激しい怒りとは、そもそも幼少期からこのクライエントが晒され続けてきたものであることが（「投影性同一視」として）理解できるに伴い、すなわち、ここに、クライエントの「歴史性」「関係性」が再現されていることが（スーパービジョンの力なども借りて）理解できると、臨床心理士自身の無力感と怒りとを少しずつでも克服して、クライエントの前に立ち続ける力を、何とか回復することができるだろう。

そして、心理療法による臨床心理士との関係において、クライエントの「歴史性」「関係性」がこのように再現されるということは、すなわち、それを修復する契機が訪れているということでもある。

心理療法（カウンセリング）という場での臨床心理士との関係における「歴史性」「関係性」の再現に際して、それに対する臨床心理士の態度や反応は、その「歴史性」「関係性」に問題があればあるほど、クライエントにとっては予期しないものである。前節でも述べたが、そのことは、臨床心理士は充分に理解しておくべきである。当然そうなるだろうと予期していた態度や反応と大いに違った態度や反応が臨床心理士から示されて、クライエントは戸惑い、さまざまな不安や怖れを持つ。また、クライエントが予期するものは、不安や怖れだけとは限らない。その恵まれない「歴史性」「関係性」故に、逆に、臨床心理士こそは、すべてを完璧に満たしてくれる母、何一つ知らないものはない知恵に溢れた父などを想像し、期待していることも珍しくない。

しかし、実際の、目の前にいる臨床心理士はそうではない。

両親を始めとしてこれまでクライエントを支配し、強い影響を与えてきた人たちとは違って、丁寧に耳を傾けてくれる。受容的に話を聞いてくれる。混乱させるような複雑なことは言わず率直に表現してくれる。裏表がなく正直である。文句を言っても非難しても怒らない。こちらが感情的になっても感情的にはならない。怒鳴っても怒鳴り返さない。見捨てたり黙っていなくなることはない。不愉快にさせても次のセッションには必ず待っていてくれる。面接時間であれば必ずそこにいてくれる。約束したことは守ってくれる。

しかし、同時に、我儘をすべて認めてくれるわけではない。すべてを包み満たしてくれるわけではない。完璧ではない。できないことや知らないこともいろいろある。溢れるような慈愛も、目が覚めるような知恵も持っているわけではない。「偉大な母」でも「偉大な父」でもない。ときには、弱い無力な姿を晒し出したりする。答えに窮したり、うまく対応できなくて、不器用におたおたしたりもする。

もちろんのこと、臨床心理士によって、その程度には差があるし、例外もあるが、概ね、臨床心理士とは、このように訓練を受けてきた者であり、またそれを（弱い無力な自分を晒すことも含め）実践できる者である。

そのような存在を前にし、その存在（臨床心理士）と浅からぬ関係を持つことによって、当初は、当然のことだが、強い不安や怖れが喚起され、さまざまな反応が示されるだろう。しかし、その不安や怖れを、（「臨床心理学的に配慮されたアプローチ」を身に付けた）臨床心理士との共同作業によって少しずつ克服していくことで、やがてクライエントは、対象というものは、「唐突に居なくなってしまうものではないこと」「不用意に見捨てるものではないこと」「頼ることも信じることもできるものであること」などを身をもって知ると共に、その関係を通して、「攻撃しても自分が破壊されることもないし、相手を破壊してしまうこともない」、「行動によって試したり、激しい感情を向けなくても、ことばを使えば自分の思いは相手に伝わり、理解される」、「どのような相手であろうと正面から向き合い、思うこと感じることを率直に表現してよい」、「弱さを抱えていてもそのままで存在できる」、「完璧でなくても生きていけるし、生きていてよい」ことなどを体験していく。すなわち、自身の「歴史性」「関係性」の修復を行なっていく。

その作業は、何よりも、臨床心理士という存在そのものの持つ力によってこそ、しかも、完全無欠でもなく、同時に、まったくの無力でもなく、ウイニコット（Winnicott, D. W.）の言葉を借りれば、ほどほどの母の力、ほどほどの父の力を持った臨床心理士の存在、あるいは、ユング心理学を援用すれば「傷ついた癒し手」としての臨床心理士の存在によってこそ、果たされていく。たとえ無力な弱い姿を晒しながらも、しかし、破壊されずに生き残り、対象として確かにそこに存在し続ける臨床心理士との関係によってこそ、「歴史性」「関係性」の修復作業は進められていく（『私説・臨床心理学の方法』（「セラピスト」を「臨床心理士」に置き換えるなど一部修正、追加して引用））。

その過酷な「歴史性」「関係性」「個体性」故に臨床心理士に向けられる（再現される）、クライエントの激しい怒り、恨み、怖れ、悲しさ（哀しさ）、寂しさなどをできる限り受け止めながらも、同時に臨床心理士自身に引き起こされる怒り、傷つき、無力感、絶望感、罪悪感などに揺り動かされたじろぎながらも、しかし、クライエントの傍らに居続け、クライエントの言葉に耳を傾け、秘密を守り、不用意に動かず、クライエントのさまざまな言動や感情に破壊されずに、何とかその関係を維持し続ける臨床心理士の確かな存在によってこそ、クライエントを手助けするという、その困難な作業は、しかもときには呆れるほどの長い時間をかけて、ようやく果たされていく。そして、その極めて困難な作業を遂行する基本的な方法こそが、本書が主張する「臨床心理士の仕事の方法」であり「臨床心理学的に配慮されたアプローチ」なのであろう。

こう考えてくると、臨床心理士とは、何と厄介な仕事であり、職業なのであろうか。

しかし、われわれは、それを自らの職業として、自らの人生として（意識的にしろ無意識的にしろ）選択したのであり、プロフェッショナルな臨床家としてクライエントの前に立つことを決意した以上は、まだまだ社会的、経済的に恵まれない状況にあるが、誠実に、愚直に、誇りを持ってその仕事を果たしていきたいものである。

本書の最後に、これまでにも何度か引用してきたが、ケースメント（Casement, P.）の次の言葉を心理臨床現場で苦労している多くの臨床心理士に伝えることで、『臨床心理士の仕事の方法――その職業的専門性と独自性』と題した本書を終えることにする。

フロイトやウィニコットといった人たちの輝きとかに勝ってやろうとほかの人たちがすることは妨げになりますし、誤ったことでしょう。私は思うのですが、臨床心理士の大多数は、彼らにできる世話をしながら真実を探している――必ずしも俊才ではない――より普通の、誠意に充ちた勤勉な人たちなのです。時間と経験を重ねることでよりよい治療者になりたいと努めている人たちに私は私自身を入れますし、とりわけ、この探求での私のこの仲間たちに私は語りかけたいのです（松木邦裕訳『患者から学ぶ――ウィニコットとビオンの臨床応用』岩崎学術出版社）〈筆者注：原文での「分析家や精神療法家」を「臨床心理士」に置き換えて引用〉。

あとがき

「はじめに」で触れましたように、昨年の六月（二〇一四年）に「公認心理師法案」が国会に上程され、しかし思いがけず衆議院が解散になったことで廃案に至ったプロセスの中で、改めて臨床心理士の職業的専門性と独自性について考えながら、本書の原稿を同時進行の形で書き進めてきました。一度は廃案が決まった半月後の十二月はじめには、本書の原稿書きもほぼ完了しておりましたが、しかし、この本の校正作業に入っていた二〇一五年七月八日に「法案」は国会に再度提出され、九月九日に「公認心理師法」として正式に可決、成立いたしました。

私は、現場の臨床心理士の仲間と共に、この「法案」に対して、「『臨床』「臨床心理学」という言葉を意図的に排除した心理学一般の資格になっていること」「臨床心理士養成大学院のこれまでの大きな実績にもかかわらず学部卒にも受験資格が与えられること」「心理業務の遂行にあたって主治医の指示を受ける義務が明記されていること」などの点で、すなわち「臨床心理学・臨床心理士の専門性、独自性が無視され、ないがしろにされている資格であること」の理由から、異議申し立てを行ない、反対の運動に加わってきました。それがまた、この本の原稿を書かせたエネルギーにもなっていました。

それにもかかわらず、「公認心理師法」は、ほぼ原案のまま、可決、成立し、実際に施行されることが決まりました。せっかくの国家資格化ですから、二十五年を越えた臨床心理士の養成、研修、資格更新システムと、さまざまな心理臨床現場における臨床心理士の実績を活かした、真にクライエントとそれを支援する臨床心理士を支える資格であればよかったのにと、大変に残念な気持ちになっております。

しかし一方で、反対運動の大きな成果だと思いますが、この法案の末尾に、「付帯決議（衆議院文部科学委員会決議）」として、「臨床心理士をはじめとする既存の心理専門職及びそれらの資格の関係者がこれまで培ってきた社会的な信用と実績を尊重し、心理に関する支援を要する者などに不安や混乱を生じさせないように配慮すること」、「公認心理師が臨床心理学をはじめとする専門的な知識・技術を有した資格となるよう、公認心理師試験の受験資格を得るために必要な大学及び大学院における履修科目や試験の内容を定めること」、「（主治医の指示を受ける義務に関しては）公認心理師の専門性や自律性を損なうことのないよう省令等を定めることにより運用基準を明らかにし、公認心理師の業務が円滑に行なわれるよう配慮すること」などがわざわざ付け加えられ、また「附則」にも「（学部卒者の資格として）臨床心理学を含む心理学の専門的な知識及び技能」と「臨床心理学」という言葉が（この法律の中では唯一）入れられたのは、「公認心理師法」の行く末に、若干の希望と期待とを抱かせるものになっています。それにしても、「臨床心理士の実績を尊重せよ」

ということに思われます。

という文言の挿入が、「公認心理師法」を推進してきた現在の日本臨床心理士会中枢の働きに拠ってではなく、反対派、慎重派の熱心な運動に拠ってこそむしろ実現したのは、大変に皮肉なことに思われます。

しかし、いずれにしろ、このような経緯によって「公認心理師法」として正式に決まった以上は、これから多分「臨床心理士」という職名が徐々に「公認心理師」に置き換わっていくと思われますが、その歴史的転換点の中で、国家資格化された「公認心理師」が、クライエントの方々の「こころ・からだ」の手助けに役立つ資格として、そして同時にクライエントのために臨床現場で励む心理臨床家を守る資格として、臨床心理士資格に勝るとも劣らずに、よりいっそう機能するように、老骨なりに力を注がねばならないと、心しております。

このように、「公認心理師法」を巡る政治的状況、また臨床心理学・精神医学を巡る時代的学問的状況の中で、今後の臨床心理士の専門性や独自性に対する危機感を持ちながら、本書の原稿に取り組んできました。私が本書を通して主張した、臨床心理士の職業的な専門性、独自性としての「臨床心理学的に配慮されたアプローチの八つの原則」などは、「反知性主義」などとも言われる、現代の科学や学問や臨床心理学を覆う時代の空気の中では、それこそ「時代錯誤」と揶揄されそうですが、しかし、半世紀にわたってクライエント・患者と呼ばれる方たちのこころの手助け（心理療法）を実践してきて、心理療法の真髄とは、結局のところ、人間のこころは「他者」との深いかかわり合いによってこそ少しずつ変わっていくものである、ということに尽きるのではないかと、私は考えるに至っています。この確かな「他者」の存在になりうることこそが、臨床心理士の職業的専門性であり独自性であると考えますし、本書が、その「他者」になるための、そして深くかかわり合うための「方法」として、現場の臨床心理士に（そして未来の「公認心理師」に）少しでも役立つものとなれば、大変に嬉しく思います。

最後になりましたが、適切なご助言と丁寧な編集作業によってこころのこもったご支援を賜りました金剛出版出版部長・弓手正樹さんに厚くお礼申しあげます。

二〇一五年九月二十日
「公認心理師法」の成立とその行く末に思いを馳せながら

渡辺雄三

■著者略歴

渡辺　雄三（わたなべ・ゆうぞう）

一九四一年生まれ　臨床心理士・社会学博士（関西大学）　名古屋大学中退

佐藤神経科病院、医療法人生々会松蔭病院、渡辺雄三分析心理室、人間環境大学教授を経て、現在、人間環境大学大学院特任教授及び渡辺雄三分析心理室心理療法家

著書：『心理療法と症例理解』（誠信書房）、『病院における心理療法』（金剛出版）、『夢分析による心理療法』（金剛出版）、『夢の物語と心理療法』（岩波書店）、『精神分裂病者に対する心理療法の臨床心理学的研究』（晃洋書房）、『夢が語るこころの深み』（岩波書店）、『私説・臨床心理学の方法』（金剛出版）、『自己実現と心理療法』（創元社）ほか

編著書：『仕事としての心理療法』（人文書院）、『臨床心理学にとっての精神科臨床』（人文書院）、『開業臨床心理士の仕事場』（金剛出版）ほか

臨《りん》床《しょう》心《しん》理《り》士《し》の仕《し》事《ごと》の方《ほう》法《ほう》
その職業的専門性と独自性

2015年11月15日　印刷
2015年11月25日　発行

著者――――渡辺雄三
発行者―――立石正信
発行所―――株式会社 金剛出版
〒112-0005
東京都文京区水道1-5-16
電話 03-3815-6661
振替 00120-6-34848

印刷――――平河工業社
製本――――誠製本

ISBN978-4-7724-1458-6 C3011